全国普法学习读本
★　★　★　★　★

>>>>>>>>>>>>>>>>>>>>>>>>>>>>

动植物防疫检疫法律法规学习读本

动物防疫法律法规

■ 曾　朝　主编

　　加大全民普法力度，建设社会主义法治文化，树立宪法法律
至上、法律面前人人平等的法治理念。

　　——中国共产党第十九次全国代表大会《决胜全面建
成小康社会 夺取新时代中国特色社会主义伟大胜利》

汕头大学出版社

图书在版编目（CIP）数据

动物防疫法律法规／曾朝主编 . -- 汕头：汕头大
学出版社（2021 . 7 重印）
（动植物防疫检疫法律法规学习读本）
ISBN 978-7-5658-3526-1

Ⅰ . ①动… Ⅱ . ①曾… Ⅲ . ①兽疫–防疫–法规–中
国–学习参考资料 Ⅳ . ①D922 . 44

中国版本图书馆 CIP 数据核字（2018）第 037635 号

动物防疫法律法规　　　　　DONGWU FANGYI FALÜ FAGUI

主　　编：曾　朝
责任编辑：邹　峰
责任技编：黄东生
封面设计：大华文苑
出版发行：汕头大学出版社
　　　　　广东省汕头市大学路 243 号汕头大学校园内　邮政编码：515063
电　　话：0754-82904613
印　　刷：三河市南阳印刷有限公司
开　　本：690mm×960mm 1/16
印　　张：18
字　　数：226 千字
版　　次：2018 年 5 月第 1 版
印　　次：2021 年 7 月第 2 次印刷
定　　价：59.60 元（全 2 册）
ISBN 978-7-5658-3526-1

前　言

习近平总书记指出："推进全民守法，必须着力增强全民法治观念。要坚持把全民普法和守法作为依法治国的长期基础性工作，采取有力措施加强法制宣传教育。要坚持法治教育从娃娃抓起，把法治教育纳入国民教育体系和精神文明创建内容，由易到难、循序渐进不断增强青少年的规则意识。要健全公民和组织守法信用记录，完善守法诚信褒奖机制和违法失信行为惩戒机制，形成守法光荣、违法可耻的社会氛围，使遵法守法成为全体人民共同追求和自觉行动。"

中共中央、国务院曾经转发了中央宣传部、司法部关于在公民中开展法治宣传教育的规划，并发出通知，要求各地区各部门结合实际认真贯彻执行。通知指出，全民普法和守法是依法治国的长期基础性工作。深入开展法治宣传教育，是全面建成小康社会和新农村的重要保障。

普法规划指出：各地区各部门要根据实际需要，从不同群体的特点出发，因地制宜开展有特色的法治宣传教育坚持集中法治宣传教育与经常性法治宣传教育相结合，深化法律进机关、进乡村、进社区、进学校、进企业、进单位的"法律六进"主题活动，完善工作标准，建立长效机制。

特别是农业、农村和农民问题，始终是关系党和人民事业发展的全局性和根本性问题。党中央、国务院发布的《关于推进社会主义新农村建设的若干意见》中明确提出要"加强农村法制建设，深入开展农村普法教育，增强农民的法制观念，提高农民依法行使权利和履行义务的自觉性。"多年普法实践证明，普及法律知识，提高法制观念，增强全社会依法办事意识具有重要作用。特别是在广大农村进行普法教育，是提高全民法律素质的需要。

多年来，我国在农村实行的改革开放取得了极大成功，农村发生了翻天覆地的变化，广大农民生活水平大大得到了提高。但是，由于历史和社会等原因，现阶段我国一些地区农民文化素质还不高，不学法、不懂法、不守法现象虽然较原来有所改变，但仍有相当一部分群众的法制观念仍很淡化，不懂、不愿借助法律来保护自身权益，这就极易受到不法的侵害，或极易进行违法犯罪活动，严重阻碍了全面建成小康社会和新农村步伐。

为此，根据党和政府的指示精神以及普法规划，特别是根据广大农村农民的现状，在有关部门和专家的指导下，特别编辑了这套《全国普法学习读本》。主要包括了广大人民群众应知应懂、实际实用的法律法规。为了辅导学习，附录还收入了相应法律法规的条例准则、实施细则、解读解答、案例分析等；同时为了突出法律法规的实际实用特点，兼顾地方性和特殊性，附录还收入了部分某些地方性法律法规以及非法律法规的政策文件、管理制度、应用表格等内容，拓展了本书的知识范围，使法律法规更"接地气"，便于读者学习掌握和实际应用。

在众多法律法规中，我们通过甄别，淘汰了废止的，精选了最新的、权威的和全面的。但有部分法律法规有些条款不适应当下情况了，却没有颁布新的，我们又不能擅自改动，只得保留原有条款，但附录却有相应的补充修改意见或通知等。众多法律法规根据不同内容和受众特点，经过归类组合，优化配套。整套普法读本非常全面系统，具有很强的学习性、实用性和指导性，非常适合用于广大农村和城乡普法学习教育与实践指导。总之，是全国全民普法的良好读本。

目　　录

中华人民共和国动物防疫法

动物检疫管理办法

中华人民共和国动物防疫法

中华人民共和国主席令

第二十四号

《全国人民代表大会常务委员会关于修改〈中华人民共和国电力法〉等六部法律的决定》已由中华人民共和国第十二届全国人民代表大会常务委员会第十四次会议于 2015 年 4 月 24 日通过，现予公布，自公布之日起施行。

中华人民共和国主席 习近平

2015 年 4 月 24 日

（1997 年 7 月 3 日第八届全国人民代表大会常务委员会第二十六次会议通过 2007 年 8 月 30 日第十届全国人民代表大会常务委员会第二十九次会议修订 根据 2013 年 6 月 29 日第十二届全国人民代表大会常务委员会第三次会议《关于修改〈中华人民共和国文物保护法〉等十二部法律的决定》修正 根据 2015 年 4 月 24 日第十二届全国人

民代表大会常务委员会第十四次会议通过全国人民代表大会常务委员会《关于修改〈中华人民共和国电力法〉等六部法律的决定》修正)

第一章 总 则

第一条 为了加强对动物防疫活动的管理，预防、控制和扑灭动物疫病，促进养殖业发展，保护人体健康，维护公共卫生安全，制定本法。

第二条 本法适用于在中华人民共和国领域内的动物防疫及其监督管理活动。

进出境动物、动物产品的检疫，适用《中华人民共和国进出境动植物检疫法》。

第三条 本法所称动物，是指家畜家禽和人工饲养、合法捕获的其他动物。

本法所称动物产品，是指动物的肉、生皮、原毛、绒、脏器、脂、血液、精液、卵、胚胎、骨、蹄、头、角、筋以及可能传播动物疫病的奶、蛋等。

本法所称动物疫病，是指动物传染病、寄生虫病。

本法所称动物防疫，是指动物疫病的预防、控制、扑灭和动物、动物产品的检疫。

第四条 根据动物疫病对养殖业生产和人体健康的危害程度，本法规定管理的动物疫病分为下列三类：

（一）一类疫病，是指对人与动物危害严重，需要采取紧急、严厉的强制预防、控制、扑灭等措施的；

（二）二类疫病，是指可能造成重大经济损失，需要采取严格控制、扑灭等措施，防止扩散的；

（三）三类疫病，是指常见多发、可能造成重大经济损失，需要控制和净化的。

前款一、二、三类动物疫病具体病种名录由国务院兽医主管部门制定并公布。

第五条 国家对动物疫病实行预防为主的方针。

第六条 县级以上人民政府应当加强对动物防疫工作的统一领导，加强基层动物防疫队伍建设，建立健全动物防疫体系，制定并组织实施动物疫病防治规划。

乡级人民政府、城市街道办事处应当组织群众协助做好本管辖区域内的动物疫病预防与控制工作。

第七条 国务院兽医主管部门主管全国的动物防疫工作。

县级以上地方人民政府兽医主管部门主管本行政区域内的动物防疫工作。

县级以上人民政府其他部门在各自的职责范围内做好动物防疫工作。

军队和武装警察部队动物卫生监督职能部门分别负责军队和武装警察部队现役动物及饲养自用动物的防疫工作。

第八条 县级以上地方人民政府设立的动物卫生监督机构依照本法规定，负责动物、动物产品的检疫工作和其他有关动物防疫的监督管理执法工作。

第九条 县级以上人民政府按照国务院的规定，根据统筹规划、合理布局、综合设置的原则建立动物疫病预防控制机构，承担动物疫病的监测、检测、诊断、流行病学调查、疫情报告以及其他预防、控制等技术工作。

第十条 国家支持和鼓励开展动物疫病的科学研究以及国际合作与交流，推广先进适用的科学研究成果，普及动物防疫科学知识，提高动物疫病防治的科学技术水平。

第十一条 对在动物防疫工作、动物防疫科学研究中做出成绩和贡献的单位和个人，各级人民政府及有关部门给予奖励。

第二章 动物疫病的预防

第十二条 国务院兽医主管部门对动物疫病状况进行风险评估，根据评估结果制定相应的动物疫病预防、控制措施。

国务院兽医主管部门根据国内外动物疫情和保护养殖业生产及人体健康的需要，及时制定并公布动物疫病预防、控制技术规范。

第十三条 国家对严重危害养殖业生产和人体健康的动物疫病实施强制免疫。国务院兽医主管部门确定强制免疫的动物疫病病种和区域，并会同国务院有关部门制定国家动物疫病强制免疫计划。

省、自治区、直辖市人民政府兽医主管部门根据国家动物疫病强制免疫计划，制订本行政区域的强制免疫计划；并可以根据本行政区域内动物疫病流行情况增加实施强制免疫的动物疫病病种和区域，报本级人民政府批准后执行，并报国务院兽医主管部门备案。

第十四条 县级以上地方人民政府兽医主管部门组织实施动物疫病强制免疫计划。乡级人民政府、城市街道办事处应当组织本管辖区域内饲养动物的单位和个人做好强制免疫工作。

饲养动物的单位和个人应当依法履行动物疫病强制免疫义务，按照兽医主管部门的要求做好强制免疫工作。

经强制免疫的动物，应当按照国务院兽医主管部门的规定建立免疫档案，加施畜禽标识，实施可追溯管理。

第十五条 县级以上人民政府应当建立健全动物疫情监测网络，加强动物疫情监测。

国务院兽医主管部门应当制定国家动物疫病监测计划。省、自治区、直辖市人民政府兽医主管部门应当根据国家动物疫病监测计划，制定本行政区域的动物疫病监测计划。

动物疫病预防控制机构应当按照国务院兽医主管部门的规定，对动物疫病的发生、流行等情况进行监测；从事动物饲养、屠宰、经营、隔离、运输以及动物产品生产、经营、加工、贮藏等活动的单位和个人不得拒绝或者阻碍。

第十六条 国务院兽医主管部门和省、自治区、直辖市人民政府兽医主管部门应当根据对动物疫病发生、流行趋势的预测，及时发出动物疫情预警。地方各级人民政府接到动物疫情预警后，应当采取相应的预防、控制措施。

第十七条 从事动物饲养、屠宰、经营、隔离、运输以及动物产品生产、经营、加工、贮藏等活动的单位和个人，应当依照本法和国务院兽医主管部门的规定，做好免疫、消毒等动物疫病预防工作。

第十八条 种用、乳用动物和宠物应当符合国务院兽医主管部门规定的健康标准。

种用、乳用动物应当接受动物疫病预防控制机构的定期检测；检测不合格的，应当按照国务院兽医主管部门的规定予以处理。

第十九条 动物饲养场（养殖小区）和隔离场所，动物屠宰加工场所，以及动物和动物产品无害化处理场所，应当符合下列动物防疫条件：

（一）场所的位置与居民生活区、生活饮用水源地、学校、医院等公共场所的距离符合国务院兽医主管部门规定的标准；

（二）生产区封闭隔离，工程设计和工艺流程符合动物防疫要求；

（三）有相应的污水、污物、病死动物、染疫动物产品的无害化处理设施设备和清洗消毒设施设备；

（四）有为其服务的动物防疫技术人员；

（五）有完善的动物防疫制度；

（六）具备国务院兽医主管部门规定的其他动物防疫条件。

第二十条 兴办动物饲养场（养殖小区）和隔离场所，动物屠宰加工场所，以及动物和动物产品无害化处理场所，应当向县级以上地方人民政府兽医主管部门提出申请，并附具相关材料。受理申请的兽医主管部门应当依照本法和《中华人民共和国行政许可法》的规定进行审查。经审查合格的，发给动物防疫条件合格证；不合格的，应当通知申请人并说明理由。

动物防疫条件合格证应当载明申请人的名称、场（厂）址等事项。

经营动物、动物产品的集贸市场应当具备国务院兽医主管部门规定的动物防疫条件，并接受动物卫生监督机构的监督检查。

第二十一条 动物、动物产品的运载工具、垫料、包装物、容器等应当符合国务院兽医主管部门规定的动物防疫要求。

染疫动物及其排泄物、染疫动物产品，病死或者死因不明的动物尸体，运载工具中的动物排泄物以及垫料、包装物、容器等污染物，应当按照国务院兽医主管部门的规定处理，不得随意处置。

第二十二条 采集、保存、运输动物病料或者病原微生物以及从事病原微生物研究、教学、检测、诊断等活动，应当遵守国家有关病原微生物实验室管理的规定。

第二十三条 患有人畜共患传染病的人员不得直接从事动物诊疗以及易感染动物的饲养、屠宰、经营、隔离、运输等活动。

人畜共患传染病名录由国务院兽医主管部门会同国务院卫生主管部门制定并公布。

第二十四条 国家对动物疫病实行区域化管理，逐步建立无规定动物疫病区。无规定动物疫病区应当符合国务院兽医主管部门规定的标准，经国务院兽医主管部门验收合格予以公布。

本法所称无规定动物疫病区，是指具有天然屏障或者采取人工措施，在一定期限内没有发生规定的一种或者几种动物疫病，并经验收合格的区域。

第二十五条 禁止屠宰、经营、运输下列动物和生产、经营、加工、贮藏、运输下列动物产品：

（一）封锁疫区内与所发生动物疫病有关的；

（二）疫区内易感染的；

（三）依法应当检疫而未经检疫或者检疫不合格的；

（四）染疫或者疑似染疫的；

（五）病死或者死因不明的；

（六）其他不符合国务院兽医主管部门有关动物防疫规定的。

第三章 动物疫情的报告、通报和公布

第二十六条 从事动物疫情监测、检验检疫、疫病研究与诊疗以及动物饲养、屠宰、经营、隔离、运输等活动的单位和个人，发现动物染疫或者疑似染疫的，应当立即向当地兽医主管部门、动物卫生监督机构或者动物疫病预防控制机构报告，并采取隔离等控制措施，防止动物疫情扩散。其他单位和个人发现动物染疫或者疑似染疫的，应当及时报告。

接到动物疫情报告的单位，应当及时采取必要的控制处理措施，并按照国家规定的程序上报。

第二十七条 动物疫情由县级以上人民政府兽医主管部门认定；其中重大动物疫情由省、自治区、直辖市人民政府兽医主管部门认定，必要时报国务院兽医主管部门认定。

第二十八条 国务院兽医主管部门应当及时向国务院有关部门和军队有关部门以及省、自治区、直辖市人民政府兽医主管部门通报重大动物疫情的发生和处理情况；发生人畜共患传染病的，县级以上人民政府兽医主管部门与同级卫生主管部门应当及时相互通报。

国务院兽医主管部门应当依照我国缔结或者参加的条约、协定，及时向有关国际组织或者贸易方通报重大动物疫情的发生和处理情况。

第二十九条　国务院兽医主管部门负责向社会及时公布全国动物疫情，也可以根据需要授权省、自治区、直辖市人民政府兽医主管部门公布本行政区域内的动物疫情。其他单位和个人不得发布动物疫情。

第三十条　任何单位和个人不得瞒报、谎报、迟报、漏报动物疫情，不得授意他人瞒报、谎报、迟报动物疫情，不得阻碍他人报告动物疫情。

第四章　动物疫病的控制和扑灭

第三十一条　发生一类动物疫病时，应当采取下列控制和扑灭措施：

（一）当地县级以上地方人民政府兽医主管部门应当立即派人到现场，划定疫点、疫区、受威胁区，调查疫源，及时报请本级人民政府对疫区实行封锁。疫区范围涉及两个以上行政区域的，由有关行政区域共同的上一级人民政府对疫区实行封锁，或者由各有关行政区域的上一级人民政府共同对疫区实行封锁。必要时，上级人民政府可以责成下级人民政府对疫区实行封锁。

（二）县级以上地方人民政府应当立即组织有关部门和单位采取封锁、隔离、扑杀、销毁、消毒、无害化处理、紧急免疫接种等强制性措施，迅速扑灭疫病。

（三）在封锁期间，禁止染疫、疑似染疫和易感染的动物、动物产品流出疫区，禁止非疫区的易感染动物进入疫区，并根据扑灭动物疫病的需要对出入疫区的人员、运输工具及有关物品采取消毒和其他限制性措施。

第三十二条 发生二类动物疫病时，应当采取下列控制和扑灭措施：

（一）当地县级以上地方人民政府兽医主管部门应当划定疫点、疫区、受威胁区。

（二）县级以上地方人民政府根据需要组织有关部门和单位采取隔离、扑杀、销毁、消毒、无害化处理、紧急免疫接种、限制易感染的动物和动物产品及有关物品出入等控制、扑灭措施。

第三十三条 疫点、疫区、受威胁区的撤销和疫区封锁的解除，按照国务院兽医主管部门规定的标准和程序评估后，由原决定机关决定并宣布。

第三十四条 发生三类动物疫病时，当地县级、乡级人民政府应当按照国务院兽医主管部门的规定组织防治和净化。

第三十五条 二、三类动物疫病呈暴发性流行时，按照一类动物疫病处理。

第三十六条 为控制、扑灭动物疫病，动物卫生监督机构应当派人在当地依法设立的现有检查站执行监督检查任务；必要时，经省、自治区、直辖市人民政府批准，可以设立临时性的动物卫生监督检查站，执行监督检查任务。

第三十七条 发生人畜共患传染病时，卫生主管部门应当组织对疫区易感染的人群进行监测，并采取相应的预防、控制措施。

第三十八条 疫区内有关单位和个人，应当遵守县级以上人民政府及其兽医主管部门依法作出的有关控制、扑灭动物疫病的规定。

任何单位和个人不得藏匿、转移、盗掘已被依法隔离、封存、处理的动物和动物产品。

第三十九条　发生动物疫情时，航空、铁路、公路、水路等运输部门应当优先组织运送控制、扑灭疫病的人员和有关物资。

第四十条　一、二、三类动物疫病突然发生，迅速传播，给养殖业生产安全造成严重威胁、危害，以及可能对公众身体健康与生命安全造成危害，构成重大动物疫情的，依照法律和国务院的规定采取应急处理措施。

第五章　动物和动物产品的检疫

第四十一条　动物卫生监督机构依照本法和国务院兽医主管部门的规定对动物、动物产品实施检疫。

动物卫生监督机构的官方兽医具体实施动、动物产品检疫。官方兽医应当具备规定的资格条件，取得国务院兽医主管部门颁发的资格证书，具体办法由国务院兽医主管部门会同国务院人事行政部门制定。

本法所称官方兽医，是指具备规定的资格条件并经兽医主管部门任命的，负责出具检疫等证明的国家兽医工作人员。

第四十二条　屠宰、出售或者运输动物以及出售或者运输动物产品前，货主应当按照国务院兽医主管部门的规定向当地动物卫生监督机构申报检疫。

动物卫生监督机构接到检疫申报后，应当及时指派官方兽医对动物、动物产品实施现场检疫；检疫合格的，出具检疫证明、加施检疫标志。实施现场检疫的官方兽医应当在检疫证明、检疫标志上签字或者盖章，并对检疫结论负责。

第四十三条　屠宰、经营、运输以及参加展览、演出和比赛的动物，应当附有检疫证明；经营和运输的动物产品，应当附有检疫证明、检疫标志。

对前款规定的动物、动物产品，动物卫生监督机构可以查验检疫证明、检疫标志，进行监督抽查，但不得重复检疫收费。

第四十四条 经铁路、公路、水路、航空运输动物和动物产品的，托运人托运时应当提供检疫证明；没有检疫证明的，承运人不得承运。

运载工具在装载前和卸载后应当及时清洗、消毒。

第四十五条 输入到无规定动物疫病区的动物、动物产品，货主应当按照国务院兽医主管部门的规定向无规定动物疫病区所在地动物卫生监督机构申报检疫，经检疫合格的，方可进入；检疫所需费用纳入无规定动物疫病区所在地地方人民政府财政预算。

第四十六条 跨省、自治区、直辖市引进乳用动物、种用动物及其精液、胚胎、种蛋的，应当向输入地省、自治区、直辖市动物卫生监督机构申请办理审批手续，并依照本法第四十二条的规定取得检疫证明。

跨省、自治区、直辖市引进的乳用动物、种用动物到达输入地后，货主应当按照国务院兽医主管部门的规定对引进的乳用动物、种用动物进行隔离观察。

第四十七条 人工捕获的可能传播动物疫病的野生动物，应当报经捕获地动物卫生监督机构检疫，经检疫合格的，方可饲养、经营和运输。

第四十八条 经检疫不合格的动物、动物产品，货主应当在动物卫生监督机构监督下按照国务院兽医主管部门的规定处理，处理费用由货主承担。

第四十九条 依法进行检疫需要收取费用的，其项目和标准由国务院财政部门、物价主管部门规定。

第六章　动物诊疗

第五十条　从事动物诊疗活动的机构，应当具备下列条件：

（一）有与动物诊疗活动相适应并符合动物防疫条件的场所；

（二）有与动物诊疗活动相适应的执业兽医；

（三）有与动物诊疗活动相适应的兽医器械和设备；

（四）有完善的管理制度。

第五十一条　设立从事动物诊疗活动的机构，应当向县级以上地方人民政府兽医主管部门申请动物诊疗许可证。受理申请的兽医主管部门应当依照本法和《中华人民共和国行政许可法》的规定进行审查。经审查合格的，发给动物诊疗许可证；不合格的，应当通知申请人并说明理由。

第五十二条　动物诊疗许可证应当载明诊疗机构名称、诊疗活动范围、从业地点和法定代表人（负责人）等事项。

动物诊疗许可证载明事项变更的，应当申请变更或者换发动物诊疗许可证。

第五十三条　动物诊疗机构应当按照国务院兽医主管部门的规定，做好诊疗活动中的卫生安全防护、消毒、隔离和诊疗废弃物处置等工作。

第五十四条　国家实行执业兽医资格考试制度。具有兽医相关专业大学专科以上学历的，可以申请参加执业兽医资格考试；考试合格的，由省、自治区、直辖市人民政府兽医主管部门颁发执业兽医资格证书；从事动物诊疗的，还应当向当地县级人民政府兽医主管部门申请注册。执业兽医资格考试和注册办法由国务院兽医主管部门商国务院人事行政部门制定。

本法所称执业兽医，是指从事动物诊疗和动物保健等经营活动的兽医。

第五十五条 经注册的执业兽医，方可从事动物诊疗、开具兽药处方等活动。但是，本法第五十七条对乡村兽医服务人员另有规定的，从其规定。

执业兽医、乡村兽医服务人员应当按照当地人民政府或者兽医主管部门的要求，参加预防、控制和扑灭动物疫病的活动。

第五十六条 从事动物诊疗活动，应当遵守有关动物诊疗的操作技术规范，使用符合国家规定的兽药和兽医器械。

第五十七条 乡村兽医服务人员可以在乡村从事动物诊疗服务活动，具体管理办法由国务院兽医主管部门制定。

第七章 监督管理

第五十八条 动物卫生监督机构依照本法规定，对动物饲养、屠宰、经营、隔离、运输以及动物产品生产、经营、加工、贮藏、运输等活动中的动物防疫实施监督管理。

第五十九条 动物卫生监督机构执行监督检查任务，可以采取下列措施，有关单位和个人不得拒绝或者阻碍：

（一）对动物、动物产品按照规定采样、留验、抽检；

（二）对染疫或者疑似染疫的动物、动物产品及相关物品进行隔离、查封、扣押和处理；

（三）对依法应当检疫而未经检疫的动物实施补检；

（四）对依法应当检疫而未经检疫的动物产品，具备补检条件的实施补检，不具备补检条件的予以没收销毁；

（五）查验检疫证明、检疫标志和畜禽标识；

（六）进入有关场所调查取证，查阅、复制与动物防疫有关的资料。

动物卫生监督机构根据动物疫病预防、控制需要，经当地县级以上地方人民政府批准，可以在车站、港口、机场等相关场所派驻官方兽医。

第六十条 官方兽医执行动物防疫监督检查任务，应当出示行政执法证件，佩带统一标志。

动物卫生监督机构及其工作人员不得从事与动物防疫有关的经营性活动，进行监督检查不得收取任何费用。

第六十一条 禁止转让、伪造或者变造检疫证明、检疫标志或者畜禽标识。

检疫证明、检疫标志的管理办法，由国务院兽医主管部门制定。

第八章 保障措施

第六十二条 县级以上人民政府应当将动物防疫纳入本级国民经济和社会发展规划及年度计划。

第六十三条 县级人民政府和乡级人民政府应当采取有效措施，加强村级防疫员队伍建设。

县级人民政府兽医主管部门可以根据动物防疫工作需要，向乡、镇或者特定区域派驻兽医机构。

第六十四条 县级以上人民政府按照本级政府职责，将动物疫病预防、控制、扑灭、检疫和监督管理所需经费纳入本级财政预算。

第六十五条 县级以上人民政府应当储备动物疫情应急处理工作所需的防疫物资。

第六十六条 对在动物疫病预防和控制、扑灭过程中强制扑杀的动物、销毁的动物产品和相关物品，县级以上人民政府应当给予补偿。具体补偿标准和办法由国务院财政部门会同有关部门制定。

因依法实施强制免疫造成动物应激死亡的，给予补偿。具体补偿标准和办法由国务院财政部门会同有关部门制定。

第六十七条 对从事动物疫病预防、检疫、监督检查、现场处理疫情以及在工作中接触动物疫病病原体的人员，有关单位应当按照国家规定采取有效的卫生防护措施和医疗保健措施。

第九章　法律责任

第六十八条 地方各级人民政府及其工作人员未依照本法规定履行职责的，对直接负责的主管人员和其他直接责任人员依法给予处分。

第六十九条 县级以上人民政府兽医主管部门及其工作人员违反本法规定，有下列行为之一的，由本级人民政府责令改正，通报批评；对直接负责的主管人员和其他直接责任人员依法给予处分：

（一）未及时采取预防、控制、扑灭等措施的；

（二）对不符合条件的颁发动物防疫条件合格证、动物诊疗许可证，或者对符合条件的拒不颁发动物防疫条件合格证、动物诊疗许可证的；

（三）其他未依照本法规定履行职责的行为。

第七十条 动物卫生监督机构及其工作人员违反本法规定，有下列行为之一的，由本级人民政府或者兽医主管部门责令改正，通报批评；对直接负责的主管人员和其他直接责任人员依法给予处分：

（一）对未经现场检疫或者检疫不合格的动物、动物产品出具检疫证明、加施检疫标志，或者对检疫合格的动物、动物产品拒不出具检疫证明、加施检疫标志的；

（二）对附有检疫证明、检疫标志的动物、动物产品重复检疫的；

（三）从事与动物防疫有关的经营性活动，或者在国务院财政部门、物价主管部门规定外加收费用、重复收费的；

（四）其他未依照本法规定履行职责的行为。

第七十一条　动物疫病预防控制机构及其工作人员违反本法规定，有下列行为之一的，由本级人民政府或者兽医主管部门责令改正，通报批评；对直接负责的主管人员和其他直接责任人员依法给予处分：

（一）未履行动物疫病监测、检测职责或者伪造监测、检测结果的；

（二）发生动物疫情时未及时进行诊断、调查的；

（三）其他未依照本法规定履行职责的行为。

第七十二条　地方各级人民政府、有关部门及其工作人员瞒报、谎报、迟报、漏报或者授意他人瞒报、谎报、迟报动物疫情，或者阻碍他人报告动物疫情的，由上级人民政府或者有关部门责令改正，通报批评；对直接负责的主管人员和其他直接责任人员依法给予处分。

第七十三条　违反本法规定，有下列行为之一的，由动物卫生监督机构责令改正，给予警告；拒不改正的，由动物卫生监督机构代作处理，所需处理费用由违法行为人承担，可以处一千元以下罚款：

（一）对饲养的动物不按照动物疫病强制免疫计划进行免疫接种的；

（二）种用、乳用动物未经检测或者经检测不合格而不按照规定处理的；

（三）动物、动物产品的运载工具在装载前和卸载后没有及时清洗、消毒的。

第七十四条 违反本法规定，对经强制免疫的动物未按照国务院兽医主管部门规定建立免疫档案、加施畜禽标识的，依照《中华人民共和国畜牧法》的有关规定处罚。

第七十五条 违反本法规定，不按照国务院兽医主管部门规定处置染疫动物及其排泄物，染疫动物产品，病死或者死因不明的动物尸体，运载工具中的动物排泄物以及垫料、包装物、容器等污染物以及其他经检疫不合格的动物、动物产品的，由动物卫生监督机构责令无害化处理，所需处理费用由违法行为人承担，可以处三千元以下罚款。

第七十六条 违反本法第二十五条规定，屠宰、经营、运输动物或者生产、经营、加工、贮藏、运输动物产品的，由动物卫生监督机构责令改正、采取补救措施，没收违法所得和动物、动物产品，并处同类检疫合格动物、动物产品货值金额一倍以上五倍以下罚款；其中依法应当检疫而未检疫的，依照本法第七十八条的规定处罚。

第七十七条 违反本法规定，有下列行为之一的，由动物卫生监督机构责令改正，处一千元以上一万元以下罚款；情节严重的，处一万元以上十万元以下罚款：

（一）兴办动物饲养场（养殖小区）和隔离场所，动物屠宰加工场所，以及动物和动物产品无害化处理场所，未取得动物防疫条件合格证的；

（二）未办理审批手续，跨省、自治区、直辖市引进乳用动物、种用动物及其精液、胚胎、种蛋的；

（三）未经检疫，向无规定动物疫病区输入动物、动物产品的。

第七十八条 违反本法规定，屠宰、经营、运输的动物未附有检疫证明，经营和运输的动物产品未附有检疫证明、检疫标志的，由动物卫生监督机构责令改正，处同类检疫合格动物、动物产品货值金额百分之十以上百分之五十以下罚款；对货主以外的承运人处运输费用一倍以上三倍以下罚款。

违反本法规定，参加展览、演出和比赛的动物未附有检疫证明的，由动物卫生监督机构责令改正，处一千元以上三千元以下罚款。

第七十九条 违反本法规定，转让、伪造或者变造检疫证明、检疫标志或者畜禽标识的，由动物卫生监督机构没收违法所得，收缴检疫证明、检疫标志或者畜禽标识，并处三千元以上三万元以下罚款。

第八十条 违反本法规定，有下列行为之一的，由动物卫生监督机构责令改正，处一千元以上一万元以下罚款：

（一）不遵守县级以上人民政府及其兽医主管部门依法作出的有关控制、扑灭动物疫病规定的；

（二）藏匿、转移、盗掘已被依法隔离、封存、处理的动物和动物产品的；

（三）发布动物疫情的。

第八十一条 违反本法规定，未取得动物诊疗许可证从事动物诊疗活动的，由动物卫生监督机构责令停止诊疗活动，没收违法所得；违法所得在三万元以上的，并处违法所得一倍以上三倍以下罚款；没有违法所得或者违法所得不足三万元的，并处三千元以上三万元以下罚款。

动物诊疗机构违反本法规定，造成动物疫病扩散的，由动物卫生监督机构责令改正，处一万元以上五万元以下罚款；情节严重的，由发证机关吊销动物诊疗许可证。

第八十二条 违反本法规定，未经兽医执业注册从事动物诊疗活动的，由动物卫生监督机构责令停止动物诊疗活动，没收违法所得，并处一千元以上一万元以下罚款。

执业兽医有下列行为之一的，由动物卫生监督机构给予警告，责令暂停六个月以上一年以下动物诊疗活动；情节严重的，由发证机关吊销注册证书：

（一）违反有关动物诊疗的操作技术规范，造成或者可能造成动物疫病传播、流行的；

（二）使用不符合国家规定的兽药和兽医器械的；

（三）不按照当地人民政府或者兽医主管部门要求参加动物疫病预防、控制和扑灭活动的。

第八十三条 违反本法规定，从事动物疫病研究与诊疗和动物饲养、屠宰、经营、隔离、运输，以及动物产品生产、经营、加工、贮藏等活动的单位和个人，有下列行为之一的，由动物卫生监督机构责令改正；拒不改正的，对违法行为单位处一千元以上一万元以下罚款，对违法行为个人可以处五百元以下罚款：

（一）不履行动物疫情报告义务的；

（二）不如实提供与动物防疫活动有关资料的；

（三）拒绝动物卫生监督机构进行监督检查的；

（四）拒绝动物疫病预防控制机构进行动物疫病监测、检测的。

第八十四条 违反本法规定，构成犯罪的，依法追究刑事责任。

违反本法规定，导致动物疫病传播、流行等，给他人人身、财产造成损害的，依法承担民事责任。

第十章 附 则

第八十五条 本法自 2008 年 1 月 1 日起施行。

附 录

重大动物疫情应急条例

中华人民共和国国务院令

第 450 号

《重大动物疫情应急条例》已经 2005 年 11 月 16 日国务院第 113 次常务会议通过，现予公布，自公布之日起施行。

总理　温家宝

二〇〇五年十一月十八日

第一章　总　则

第一条　为了迅速控制、扑灭重大动物疫情，保障养殖业生产安全，保护公众身体健康与生命安全，维护正常的社会秩序，根据《中华人民共和国动物防疫法》，制定本条例。

第二条　本条例所称重大动物疫情，是指高致病性禽流感等发病率或者死亡率高的动物疫病突然发生，迅速传播，给养殖业生产安全造成严重威胁、危害，以及可能对公众身体健康与生命安全造成危害的情形，包括特别重大动物疫情。

第三条　重大动物疫情应急工作应当坚持加强领导、密切配合，依靠科学、依法防治，群防群控、果断处置的方针，及时发现，快速反应，严格处理，减少损失。

第四条 重大动物疫情应急工作按照属地管理的原则，实行政府统一领导、部门分工负责，逐级建立责任制。

县级以上人民政府兽医主管部门具体负责组织重大动物疫情的监测、调查、控制、扑灭等应急工作。

县级以上人民政府林业主管部门、兽医主管部门按照职责分工，加强对陆生野生动物疫源疫病的监测。

县级以上人民政府其他有关部门在各自的职责范围内，做好重大动物疫情的应急工作。

第五条 出入境检验检疫机关应当及时收集境外重大动物疫情信息，加强进出境动物及其产品的检验检疫工作，防止动物疫病传入和传出。兽医主管部门要及时向出入境检验检疫机关通报国内重大动物疫情。

第六条 国家鼓励、支持开展重大动物疫情监测、预防、应急处理等有关技术的科学研究和国际交流与合作。

第七条 县级以上人民政府应当对参加重大动物疫情应急处理的人员给予适当补助，对作出贡献的人员给予表彰和奖励。

第八条 对不履行或者不按照规定履行重大动物疫情应急处理职责的行为，任何单位和个人有权检举控告。

第二章 应急准备

第九条 国务院兽医主管部门应当制定全国重大动物疫情应急预案，报国务院批准，并按照不同动物疫病病种及其流行特点和危害程度，分别制定实施方案，报国务院备案。

县级以上地方人民政府根据本地区的实际情况，制定本行政区域的重大动物疫情应急预案，报上一级人民政府兽医主管部门备案。县级以上地方人民政府兽医主管部门，应当按照不同动物疫病病种及其流行特点和危害程度，分别制定实施方案。

重大动物疫情应急预案及其实施方案应当根据疫情的发展变化和实施情况，及时修改、完善。

第十条 重大动物疫情应急预案主要包括下列内容：

（一）应急指挥部的职责、组成以及成员单位的分工；

（二）重大动物疫情的监测、信息收集、报告和通报；

（三）动物疫病的确认、重大动物疫情的分级和相应的应急处理工作方案；

（四）重大动物疫情疫源的追踪和流行病学调查分析；

（五）预防、控制、扑灭重大动物疫情所需资金的来源、物资和技术的储备与调度；

（六）重大动物疫情应急处理设施和专业队伍建设。

第十一条 国务院有关部门和县级以上地方人民政府及其有关部门，应当根据重大动物疫情应急预案的要求，确保应急处理所需的疫苗、药品、设施设备和防护用品等物资的储备。

第十二条 县级以上人民政府应当建立和完善重大动物疫情监测网络和预防控制体系，加强动物防疫基础设施和乡镇动物防疫组织建设，并保证其正常运行，提高对重大动物疫情的应急处理能力。

第十三条 县级以上地方人民政府根据重大动物疫情应急需要，可以成立应急预备队，在重大动物疫情应急指挥部的指挥下，具体承担疫情的控制和扑灭任务。

应急预备队由当地兽医行政管理人员、动物防疫工作人员、有关专家、执业兽医等组成；必要时，可以组织动员社会上有一定专业知识的人员参加。公安机关、中国人民武装警察部队应当依法协助其执行任务。

应急预备队应当定期进行技术培训和应急演练。

第十四条　县级以上人民政府及其兽医主管部门应当加强对重大动物疫情应急知识和重大动物疫病科普知识的宣传，增强全社会的重大动物疫情防范意识。

第三章　监测、报告和公布

第十五条　动物防疫监督机构负责重大动物疫情的监测，饲养、经营动物和生产、经营动物产品的单位和个人应当配合，不得拒绝和阻碍。

第十六条　从事动物隔离、疫情监测、疫病研究与诊疗、检验检疫以及动物饲养、屠宰加工、运输、经营等活动的有关单位和个人，发现动物出现群体发病或者死亡的，应当立即向所在地的县（市）动物防疫监督机构报告。

第十七条　县（市）动物防疫监督机构接到报告后，应当立即赶赴现场调查核实。初步认为属于重大动物疫情的，应当在 2 小时内将情况逐级报省、自治区、直辖市动物防疫监督机构，并同时报所在地人民政府兽医主管部门；兽医主管部门应当及时通报同级卫生主管部门。

省、自治区、直辖市动物防疫监督机构应当在接到报告后 1 小时内，向省、自治区、直辖市人民政府兽医主管部门和国务院兽医主管部门所属的动物防疫监督机构报告。

省、自治区、直辖市人民政府兽医主管部门应当在接到报告后 1 小时内报本级人民政府和国务院兽医主管部门。

重大动物疫情发生后，省、自治区、直辖市人民政府和国务院兽医主管部门应当在 4 小时内向国务院报告。

第十八条　重大动物疫情报告包括下列内容：

（一）疫情发生的时间、地点；

（二）染疫、疑似染疫动物种类和数量、同群动物数量、免疫情况、死亡数量、临床症状、病理变化、诊断情况；

（三）流行病学和疫源追踪情况；

（四）已采取的控制措施；

（五）疫情报告的单位、负责人、报告人及联系方式。

第十九条 重大动物疫情由省、自治区、直辖市人民政府兽医主管部门认定；必要时，由国务院兽医主管部门认定。

第二十条 重大动物疫情由国务院兽医主管部门按照国家规定的程序，及时准确公布；其他任何单位和个人不得公布重大动物疫情。

第二十一条 重大动物疫病应当由动物防疫监督机构采集病料，未经国务院兽医主管部门或者省、自治区、直辖市人民政府兽医主管部门批准，其他单位和个人不得擅自采集病料。

从事重大动物疫病病原分离的，应当遵守国家有关生物安全管理规定，防止病原扩散。

第二十二条 国务院兽医主管部门应当及时向国务院有关部门和军队有关部门以及各省、自治区、直辖市人民政府兽医主管部门通报重大动物疫情的发生和处理情况。

第二十三条 发生重大动物疫情可能感染人群时，卫生主管部门应当对疫区内易受感染的人群进行监测，并采取相应的预防、控制措施。卫生主管部门和兽医主管部门应当及时相互通报情况。

第二十四条 有关单位和个人对重大动物疫情不得瞒报、谎报、迟报，不得授意他人瞒报、谎报、迟报，不得阻碍他人报告。

第二十五条 在重大动物疫情报告期间，有关动物防疫监督机构应当立即采取临时隔离控制措施；必要时，当地县级以上地方人民政府可以作出封锁决定并采取扑杀、销毁等措施。有关单位和个人应当执行。

第四章　应急处理

第二十六条　重大动物疫情发生后，国务院和有关地方人民政府设立的重大动物疫情应急指挥部统一领导、指挥重大动物疫情应急工作。

第二十七条　重大动物疫情发生后，县级以上地方人民政府兽医主管部门应当立即划定疫点、疫区和受威胁区，调查疫源，向本级人民政府提出启动重大动物疫情应急指挥系统、应急预案和对疫区实行封锁的建议，有关人民政府应当立即作出决定。

疫点、疫区和受威胁区的范围应当按照不同动物疫病病种及其流行特点和危害程度划定，具体划定标准由国务院兽医主管部门制定。

第二十八条　国家对重大动物疫情应急处理实行分级管理，按照应急预案确定的疫情等级，由有关人民政府采取相应的应急控制措施。

第二十九条　对疫点应当采取下列措施：

（一）扑杀并销毁染疫动物和易感染的动物及其产品；

（二）对病死的动物、动物排泄物、被污染饲料、垫料、污水进行无害化处理；

（三）对被污染的物品、用具、动物圈舍、场地进行严格消毒。

第三十条　对疫区应当采取下列措施：

（一）在疫区周围设置警示标志，在出入疫区的交通路口设置临时动物检疫消毒站，对出入的人员和车辆进行消毒；

（二）扑杀并销毁染疫和疑似染疫动物及其同群动物，销毁染疫和疑似染疫的动物产品，对其他易感染的动物实行圈养或者在指定地点放养，役用动物限制在疫区内使役；

（三）对易感染的动物进行监测，并按照国务院兽医主管部门的规定实施紧急免疫接种，必要时对易感染的动物进行扑杀；

（四）关闭动物及动物产品交易市场，禁止动物进出疫区和动物产品运出疫区；

（五）对动物圈舍、动物排泄物、垫料、污水和其他可能受污染的物品、场地，进行消毒或者无害化处理。

第三十一条 对受威胁区应当采取下列措施：

（一）对易感染的动物进行监测；

（二）对易感染的动物根据需要实施紧急免疫接种。

第三十二条 重大动物疫情应急处理中设置临时动物检疫消毒站以及采取隔离、扑杀、销毁、消毒、紧急免疫接种等控制、扑灭措施的，由有关重大动物疫情应急指挥部决定，有关单位和个人必须服从；拒不服从的，由公安机关协助执行。

第三十三条 国家对疫区、受威胁区内易感染的动物免费实施紧急免疫接种；对因采取扑杀、销毁等措施给当事人造成的已经证实的损失，给予合理补偿。紧急免疫接种和补偿所需费用，由中央财政和地方财政分担。

第三十四条 重大动物疫情应急指挥部根据应急处理需要，有权紧急调集人员、物资、运输工具以及相关设施、设备。

单位和个人的物资、运输工具以及相关设施、设备被征集使用的，有关人民政府应当及时归还并给予合理补偿。

第三十五条 重大动物疫情发生后，县级以上人民政府兽医主管部门应当及时提出疫点、疫区、受威胁区的处理方案，加强疫情监测、流行病学调查、疫源追踪工作，对染疫和疑似染疫动物及其同群动物和其他易感染动物的扑杀、销毁进行技术指导，并组织实施检验检疫、消毒、无害化处理和紧急免疫接种。

第三十六条 重大动物疫情应急处理中，县级以上人民政府有关部门应当在各自的职责范围内，做好重大动物疫情应急所需的物资紧急调度和运输、应急经费安排、疫区群众救济、人的疫病防治、肉食品供应、动物及其产品市场监管、出入境检验检疫和社会治安维护等工作。

中国人民解放军、中国人民武装警察部队应当支持配合驻地人民政府做好重大动物疫情的应急工作。

第三十七条　重大动物疫情应急处理中，乡镇人民政府、村民委员会、居民委员会应当组织力量，向村民、居民宣传动物疫病防治的相关知识，协助做好疫情信息的收集、报告和各项应急处理措施的落实工作。

第三十八条　重大动物疫情发生地的人民政府和毗邻地区的人民政府应当通力合作，相互配合，做好重大动物疫情的控制、扑灭工作。

第三十九条　有关人民政府及其有关部门对参加重大动物疫情应急处理的人员，应当采取必要的卫生防护和技术指导等措施。

第四十条　自疫区内最后一头（只）发病动物及其同群动物处理完毕起，经过一个潜伏期以上的监测，未出现新的病例的，彻底消毒后，经上一级动物防疫监督机构验收合格，由原发布封锁令的人民政府宣布解除封锁，撤销疫区；由原批准机关撤销在该疫区设立的临时动物检疫消毒站。

第四十一条　县级以上人民政府应当将重大动物疫情确认、疫区封锁、扑杀及其补偿、消毒、无害化处理、疫源追踪、疫情监测以及应急物资储备等应急经费列入本级财政预算。

第五章　法律责任

第四十二条　违反本条例规定，兽医主管部门及其所属的动物防疫监督机构有下列行为之一的，由本级人民政府或者上级人民政府有关部门责令立即改正、通报批评、给予警告；对主要负责人、负有责任的主管人员和其他责任人员，依法给予记大过、降级、撤职直至开除的行政处分；构成犯罪的，依法追究刑事责任：

（一）不履行疫情报告职责，瞒报、谎报、迟报或者授意他人瞒报、谎报、迟报，阻碍他人报告重大动物疫情的；

（二）在重大动物疫情报告期间，不采取临时隔离控制措施，导致动物疫情扩散的；

（三）不及时划定疫点、疫区和受威胁区，不及时向本级人民政府提出应急处理建议，或者不按照规定对疫点、疫区和受威胁区采取预防、控制、扑灭措施的；

（四）不向本级人民政府提出启动应急指挥系统、应急预案和对疫区的封锁建议的；

（五）对动物扑杀、销毁不进行技术指导或者指导不力，或者不组织实施检验检疫、消毒、无害化处理和紧急免疫接种的；

（六）其他不履行本条例规定的职责，导致动物疫病传播、流行，或者对养殖业生产安全和公众身体健康与生命安全造成严重危害的。

第四十三条　违反本条例规定，县级以上人民政府有关部门不履行应急处理职责，不执行对疫点、疫区和受威胁区采取的措施，或者对上级人民政府有关部门的疫情调查不予配合或者阻碍、拒绝的，由本级人民政府或者上级人民政府有关部门责令立即改正、通报批评、给予警告；对主要负责人、负有责任的主管人员和其他责任人员，依法给予记大过、降级、撤职直至开除的行政处分；构成犯罪的，依法追究刑事责任。

第四十四条　违反本条例规定，有关地方人民政府阻碍报告重大动物疫情，不履行应急处理职责，不按照规定对疫点、疫区和受威胁区采取预防、控制、扑灭措施，或者对上级人民政府有关部门的疫情调查不予配合或者阻碍、拒绝的，由上级人民政府责令立即改正、通报批评、给予警告；对政府主要领导人依法给予记大过、降级、撤职直至开除的行政处分；构成犯罪的，依法追究刑事责任。

第四十五条 截留、挪用重大动物疫情应急经费，或者侵占、挪用应急储备物资的，按照《财政违法行为处罚处分条例》的规定处理；构成犯罪的，依法追究刑事责任。

第四十六条 违反本条例规定，拒绝、阻碍动物防疫监督机构进行重大动物疫情监测，或者发现动物出现群体发病或者死亡，不向当地动物防疫监督机构报告的，由动物防疫监督机构给予警告，并处 2000 元以上 5000 元以下的罚款；构成犯罪的，依法追究刑事责任。

第四十七条 违反本条例规定，擅自采集重大动物疫病病料，或者在重大动物疫病病原分离时不遵守国家有关生物安全管理规定的，由动物防疫监督机构给予警告，并处 5000 元以下的罚款；构成犯罪的，依法追究刑事责任。

第四十八条 在重大动物疫情发生期间，哄抬物价、欺骗消费者，散布谣言、扰乱社会秩序和市场秩序的，由价格主管部门、工商行政管理部门或者公安机关依法给予行政处罚；构成犯罪的，依法追究刑事责任。

第六章 附 则

第四十九条 本条例自公布之日起施行。

动物疫情报告管理办法

农牧发〔1999〕18号

第一条 根据《中华人民共和国动物防疫法》及有关规定，制定本办法。

第二条 本办法所称动物疫情是指动物疫病发生、发展的情况。

第三条 国务院畜牧兽医行政管理部门主管全国动物疫情报告工作，县级以上地方人民政府畜牧兽医行政管理部门主管本行政区内的动物疫情报告工作。国务院畜牧兽医行政管理部门统一公布动物疫情。未经授权，其他任何单位和个人不得以任何方式公布动物疫情。

第四条 各级动物防疫监督机构实施辖区内动物疫情报告工作。

第五条 动物疫情实行逐级报告制度。县、地、省动物防疫监督机构、全国畜牧兽医总站建立四级疫情报告系统。

国务院畜牧兽医行政管理部门在全国布设的动物疫情测报点（简称"国家测报点"）直接向全国畜牧兽医总站报告。

第六条 动物疫情报告实行快报、月报和年报制度。

（一）快报

有下列情形之一的必须快报：

1. 发生一类或者疑似一类动物疫病；

2. 二类、三类或者其他动物疫病呈暴发性流行；

3. 新发现的动物疫情；

4. 已经消灭又发生的动物疫病。

县级动物防疫监督机构和国家测报点确认发现上述动物疫情后，应在 24 小时之内快报至全国畜牧兽医总站。全国畜牧兽医总站应在 12 小时内报国务院畜牧兽医行政管理部门。

（二）月报

县级动物防疫监督机构对辖区内当月发生的动物疫情，于下一个月 5 日前将疫情报告地级动物防疫监督机构；地级动物防疫监督机构每月 10 日前，报告省级动物防疫监督机构；省级动物防疫监督机构于每月 15 日前报全国畜牧兽医总站；全国畜牧兽医总站将汇总分析结果于每月 20 日前报国务院畜牧兽医行政管理部门。

（三）年报

县级动物防疫监督机构每年应将辖区内上一年的动物疫情在 1 月 10 日前报告地（市）级动物防疫监督机构；地（市）级动物防疫监督机构应当在 1 月 20 日前报省级动物防疫监督机构；省级动物防疫监督机构应当在 1 月 30 日前报全国畜牧兽医总站；全国畜牧兽医总站将汇总分析结果于 2 月 10 日前报国务院畜牧兽医行政管理部门。

第七条　各级动物防疫监督机构和国家测报点在快报、月报、年报动物疫情时，必须同时报告当地畜牧兽医行政管理部门。省级动物防疫监督机构和国家测报点报告疫情时，须同时报告国务院畜牧兽医行政管理部门，并抄送农业部动物检疫所进行分析研究。

第八条　疫情报告以报表形式上报。需要文字说明的，要同时报告文字材料。全国畜牧兽医总站统一制定动物疫情快报、月报、年报报表。

第九条　从事动物饲养、经营及动物产品生产、经营和从事动物防疫科研、教学、诊疗及进出境动物检疫等单位和个人，应当建立本单位疫情统计、登记制度，并定期向当地动物防疫监督机构报告。

第十条　对在动物疫情报告工作中做出显著成绩的单位或个人，由畜牧兽医行政管理部门给予表彰或奖励。

第十一条　违反本办法规定，瞒报、谎报或者阻碍他人报告动物疫情的，按《中华人民共和国动物防疫法》及有关规定给予处罚，对负有直接责任的主管人员和其他直接责任人员，依法给予行政处分。

第十二条　违反本办法规定，引起重大动物疫情，造成重大经济损失，构成犯罪的，移交司法机关处理。

第十三条　本办法由国务院畜牧兽医行政管理部门负责解释。

第十四条　本办法从公布之日起实施。

动物防疫条件审查办法

中华人民共和国农业部令

2010 年第 7 号

《动物防疫条件审查办法》已经 2010 年 1 月 4 日农业部第一次常务会议审议通过，现予发布，自 2010 年 5 月 1 日起施行。2002 年 5 月 24 日农业部发布的《动物防疫条件审核管理办法》（农业部令第 15 号）同时废止。

二○一○年一月二十一日

第一章 总 则

第一条 为了规范动物防疫条件审查，有效预防控制动物疫病，维护公共卫生安全，根据《中华人民共和国动物防疫法》，制定本办法。

第二条 动物饲养场、养殖小区、动物隔离场所、动物屠宰加工场所以及动物和动物产品无害化处理场所，应当符合本办法规定的动物防疫条件，并取得《动物防疫条件合格证》。

经营动物和动物产品的集贸市场应当符合本办法规定的动物防疫条件。

第三条 农业部主管全国动物防疫条件审查和监督管理工作。

县级以上地方人民政府兽医主管部门主管本行政区域内的动物防疫条件审查和监督管理工作。

县级以上地方人民政府设立的动物卫生监督机构负责本行政区域内的动物防疫条件监督执法工作。

第四条 动物防疫条件审查应当遵循公开、公正、公平、便民的原则。

第二章 饲养场、养殖小区动物防疫条件

第五条 动物饲养场、养殖小区选址应当符合下列条件：

（一）距离生活饮用水源地、动物屠宰加工场所、动物和动物产品集贸市场 500 米以上；距离种畜禽场 1000 米以上；距离动物诊疗场所 200 米以上；动物饲养场（养殖小区）之间距离不少于 500 米；

（二）距离动物隔离场所、无害化处理场所 3000 米以上；

（三）距离城镇居民区、文化教育科研等人口集中区域及公路、铁路等主要交通干线 500 米以上。

第六条 动物饲养场、养殖小区布局应当符合下列条件：

（一）场区周围建有围墙；

（二）场区出入口处设置与门同宽，长 4 米、深 0.3 米以上的消毒池；

（三）生产区与生活办公区分开，并有隔离设施；

（四）生产区入口处设置更衣消毒室，各养殖栋舍出入口设置消毒池或者消毒垫；

（五）生产区内清洁道、污染道分设；

（六）生产区内各养殖栋舍之间距离在 5 米以上或者有隔离设施。

禽类饲养场、养殖小区内的孵化间与养殖区之间应当设置隔离设施，并配备种蛋熏蒸消毒设施，孵化间的流程应当单向，不得交叉或者回流。

第七条 动物饲养场、养殖小区应当具有下列设施设备：

（一）场区入口处配置消毒设备；

（二）生产区有良好的采光、通风设施设备；

（三）圈舍地面和墙壁选用适宜材料，以便清洗消毒；

（四）配备疫苗冷冻（冷藏）设备、消毒和诊疗等防疫设备的兽医室，或者有兽医机构为其提供相应服务；

（五）有与生产规模相适应的无害化处理、污水污物处理设施设备；

（六）有相对独立的引入动物隔离舍和患病动物隔离舍。

第八条 动物饲养场、养殖小区应当有与其养殖规模相适应的执业兽医或者乡村兽医。

患有相关人畜共患传染病的人员不得从事动物饲养工作。

第九条 动物饲养场、养殖小区应当按规定建立免疫、用药、检疫申报、疫情报告、消毒、无害化处理、畜禽标识等制度及养殖档案。

第十条 种畜禽场除符合本办法第六条、第七条、第八条、第九条规定外，还应当符合下列条件：

（一）距离生活饮用水源地、动物饲养场、养殖小区和城镇居民区、文化教育科研等人口集中区域及公路、铁路等主要交通干线1000米以上；

（二）距离动物隔离场所、无害化处理场所、动物屠宰加工场所、动物和动物产品集贸市场、动物诊疗场所3000米以上；

（三）有必要的防鼠、防鸟、防虫设施或者措施；

（四）有国家规定的动物疫病的净化制度；

（五）根据需要，种畜场还应当设置单独的动物精液、卵、胚胎采集等区域。

第三章　屠宰加工场所动物防疫条件

第十一条 动物屠宰加工场所选址应当符合下列条件：

（一）距离生活饮用水源地、动物饲养场、养殖小区、动物集贸市场 500 米以上；距离种畜禽场 3000 米以上；距离动物诊疗场所 200 米以上；

（二）距离动物隔离场所、无害化处理场所 3000 米以上。

第十二条 动物屠宰加工场所布局应当符合下列条件：

（一）场区周围建有围墙；

（二）运输动物车辆出入口设置与门同宽，长 4 米、深 0.3 米以上的消毒池；

（三）生产区与生活办公区分开，并有隔离设施；

（四）入场动物卸载区域有固定的车辆消毒场地，并配有车辆清洗、消毒设备。

（五）动物入场口和动物产品出场口应当分别设置；

（六）屠宰加工间入口设置人员更衣消毒室；

（七）有与屠宰规模相适应的独立检疫室、办公室和休息室；

（八）有待宰圈、患病动物隔离观察圈、急宰间；加工原毛、生皮、绒、骨、角的，还应当设置封闭式熏蒸消毒间。

第十三条 动物屠宰加工场所应当具有下列设施设备：

（一）动物装卸台配备照度不小于 300Lx 的照明设备；

（二）生产区有良好的采光设备，地面、操作台、墙壁、天棚应当耐腐蚀、不吸潮、易清洗；

（三）屠宰间配备检疫操作台和照度不小于 500Lx 的照明设备；

（四）有与生产规模相适应的无害化处理、污水污物处理设施设备。

第十四条 动物屠宰加工场所应当建立动物入场和动物产品出场登记、检疫申报、疫情报告、消毒、无害化处理等制度。

第四章 隔离场所动物防疫条件

第十五条 动物隔离场所选址应当符合下列条件：

（一）距离动物饲养场、养殖小区、种畜禽场、动物屠宰加工场所、无害化处理场所、动物诊疗场所、动物和动物产品集贸市场以及其他动物隔离场 3000 米以上；

（二）距离城镇居民区、文化教育科研等人口集中区域及公路、铁路等主要交通干线、生活饮用水源地 500 米以上。

第十六条 动物隔离场所布局应当符合下列条件：

（一）场区周围有围墙；

（二）场区出入口处设置与门同宽，长 4 米、深 0.3 米以上的消毒池；

（三）饲养区与生活办公区分开，并有隔离设施；

（四）有配备消毒、诊疗和检测等防疫设备的兽医室；

（五）饲养区内清洁道、污染道分设；

（六）饲养区入口设置人员更衣消毒室。

第十七条 动物隔离场所应当具有下列设施设备：

（一）场区出入口处配置消毒设备；

（二）有无害化处理、污水污物处理设施设备。

第十八条 动物隔离场所应当配备与其规模相适应的执业兽医。

患有相关人畜共患传染病的人员不得从事动物饲养工作。

第十九条 动物隔离场所应当建立动物和动物产品进出登记、免疫、用药、消毒、疫情报告、无害化处理等制度。

第五章 无害化处理场所动物防疫条件

第二十条 动物和动物产品无害化处理场所选址应当符合下列条件：

（一）距离动物养殖场、养殖小区、种畜禽场、动物屠宰加工场所、动物隔离场所、动物诊疗场所、动物和动物产品集贸市场、

生活饮用水源地 3000 米以上;

（二）距离城镇居民区、文化教育科研等人口集中区域及公路、铁路等主要交通干线 500 米以上。

第二十一条 动物和动物产品无害化处理场所布局应当符合下列条件:

（一）场区周围建有围墙;

（二）场区出入口处设置与门同宽,长 4 米、深 0.3 米以上的消毒池,并设有单独的人员消毒通道;

（三）无害化处理区与生活办公区分开,并有隔离设施;

（四）无害化处理区内设置染疫动物扑杀间、无害化处理间、冷库等;

（五）动物扑杀间、无害化处理间入口处设置人员更衣室,出口处设置消毒室。

第二十二条 动物和动物产品无害化处理场所应当具有下列设施设备:

（一）配置机动消毒设备;

（二）动物扑杀间、无害化处理间等配备相应规模的无害化处理、污水污物处理设施设备;

（三）有运输动物和动物产品的专用密闭车辆。

第二十三条 动物和动物产品无害化处理场所应当建立病害动物和动物产品入场登记、消毒、无害化处理后的物品流向登记、人员防护等制度。

第六章　集贸市场动物防疫条件

第二十四条 专门经营动物的集贸市场应当符合下列条件:

（一）距离文化教育科研等人口集中区域、生活饮用水源地、动物饲养场和养殖小区、动物屠宰加工场所 500 米以上,距离种畜禽场、动物隔离场所、无害化处理场所 3000 米以上，距离动物诊疗场所 200 米以上；

（二）市场周围有围墙，场区出入口处设置与门同宽，长 4 米、深 0.3 米以上的消毒池；

（三）场内设管理区、交易区、废弃物处理区，各区相对独立；

（四）交易区内不同种类动物交易场所相对独立；

（五）有清洗、消毒和污水污物处理设施设备；

（六）有定期休市和消毒制度。

（七）有专门的兽医工作室。

第二十五条 兼营动物和动物产品的集贸市场应当符合下列动物防疫条件：

（一）距离动物饲养场和养殖小区 500 米以上，距离种畜禽场、动物隔离场所、无害化处理场所 3000 米以上，距离动物诊疗场所 200 米以上；

（二）动物和动物产品交易区与市场其他区域相对隔离；

（三）动物交易区与动物产品交易区相对隔离；

（四）不同种类动物交易区相对隔离；

（五）交易区地面、墙面（裙）和台面防水、易清洗；

（六）有消毒制度。

活禽交易市场除符合前款规定条件外，市场内的水禽与其他家禽还应当分开，宰杀间与活禽存放间应当隔离，宰杀间与出售场地应当分开，并有定期休市制度。

第七章 审查发证

第二十六条 兴办动物饲养场、养殖小区、动物屠宰加工场所、动物隔离场所、动物和动物产品无害化处理场所，应当按照本办法规定进行选址、工程设计和施工。

第二十七条 本办法第二条第一款规定场所建设竣工后，应当向所在地县级地方人民政府兽医主管部门提出申请，并提交以下材料：

（一）《动物防疫条件审查申请表》；

（二）场所地理位置图、各功能区布局平面图；

（三）设施设备清单；

（四）管理制度文本；

（五）人员情况。

申请材料不齐全或者不符合规定条件的，县级地方人民政府兽医主管部门应当自收到申请材料之日起5个工作日内，一次告知申请人需补正的内容。

第二十八条 兴办动物饲养场、养殖小区和动物屠宰加工场所的，县级地方人民政府兽医主管部门应当自收到申请之日起20个工作日内完成材料和现场审查，审查合格的，颁发《动物防疫条件合格证》；审查不合格的，应当书面通知申请人，并说明理由。

第二十九条 兴办动物隔离场所、动物和动物产品无害化处理场所的，县级地方人民政府兽医主管部门应当自收到申请之日起5个工作日内完成材料初审，并将初审意见和有关材料报省、自治区、直辖市人民政府兽医主管部门。省、自治区、直辖市人民政府兽医主管部门自收到初审意见和有关材料之日起15个工作日内完成材料和现场审查，审查合格的，颁发《动物防疫条件合格证》；审查不合格的，应当书面通知申请人，并说明理由。

第八章　监督管理

第三十条 动物卫生监督机构依照《中华人民共和国动物防疫法》和有关法律、法规的规定，对动物饲养场、养殖小区、动物隔离场所、动物屠宰加工场所、动物和动物产品无害化处理场所、动物和动物产品集贸市场的动物防疫条件实施监督检查，有关单位和个人应当予以配合，不得拒绝和阻碍。

第三十一条 本办法第二条第一款所列场所在取得《动物防疫条件合格证》后，变更场址或者经营范围的，应当重新申请办理《动物防疫条件合格证》，同时交回原《动物防疫条件合格证》，由原发证机关予以注销。

变更布局、设施设备和制度，可能引起动物防疫条件发生变化的，应当提前30日向原发证机关报告。发证机关应当在20日内完成审查，并将审查结果通知申请人。

变更单位名称或者其负责人的，应当在变更后15日内持有效证明申请变更《动物防疫条件合格证》。

第三十二条 本办法第二条第一款所列场所停业的，应当于停业后30日内将《动物防疫条件合格证》交回原发证机关注销。

第三十三条 本办法第二条所列场所，应当在每年1月底前将上一年的动物防疫条件情况和防疫制度执行情况向发证机关报告。

第三十四条 禁止转让、伪造或者变造《动物防疫条件合格证》。

第三十五条 《动物防疫条件合格证》丢失或者损毁的，应当在15日内向发证机关申请补发。

第九章 罚 则

第三十六条 违反本办法第三十一条第一款规定，变更场所地址或者经营范围，未按规定重新申请《动物防疫条件合格证》的，按照《中华人民共和国动物防疫法》第七十七条规定予以处罚。

违反本办法第三十一条第二款规定，未经审查擅自变更布局、设施设备和制度的，由动物卫生监督机构给予警告。对不符合动物防疫条件的，由动物卫生监督机构责令改正；拒不改正或者整改后仍不合格的，由发证机关收回并注销《动物防疫条件合格证》。

第三十七条 违反本办法第二十四条和第二十五条规定，经营动物和动物产品的集贸市场不符合动物防疫条件的，由动物卫生监督机构责令改正；拒不改正的，由动物卫生监督机构处五千元以上两万元以下的罚款，并通报同级工商行政管理部门依法处理。

第三十八条 违反本办法第三十四条规定，转让、伪造或者变造《动物防疫条件合格证》的，由动物卫生监督机构收缴《动物防疫条件合格证》，处两千元以上一万元以下的罚款。

使用转让、伪造或者变造《动物防疫条件合格证》的，由动物卫生监督机构按照《中华人民共和国动物防疫法》第七十七条规定予以处罚。

第三十九条 违反本办法规定，构成犯罪或者违反治安管理规定的，依法移送公安机关处理。

第十章 附 则

第四十条 本办法所称动物饲养场、养殖小区是指《中华人民共和国畜牧法》第三十九条规定的畜禽养殖场、养殖小区。

饲养场、养殖小区内自用的隔离舍和屠宰加工场所内自用的患病动物隔离观察圈，饲养场、养殖小区、屠宰加工场所和动物隔离场内设置的自用无害化处理场所，不再另行办理《动物防疫条件合格证》。

第四十一条 本办法自 2010 年 5 月 1 日起施行。农业部 2002 年 5 月 24 日发布的《动物防疫条件审核管理办法》（农业部令第 15 号）同时废止。

本办法施行前已发放的《动物防疫合格证》在有效期内继续有效，有效期不满 1 年的，可沿用到 2011 年 5 月 1 日止。本办法施行前未取得《动物防疫合格证》的各类场所，应当在 2011 年 5 月 1 日前达到本办法规定的条件，取得《动物防疫条件合格证》。

无规定动物疫病区评估管理办法

中华人民共和国农业部令

2017 年第 2 号

《无规定动物疫病区评估管理办法》已经农业部 2017
年第 4 次常务会议审议通过，现予公布，自 2017 年 7 月 1
日起施行。

农业部部长

2017 年 5 月 27 日

第一章　总　则

第一条　为实施动物疫病区域化管理，规范无规定动物疫病区评估活动，有效控制和消灭动物疫病，提高动物卫生及动物产品安全水平，促进动物及动物产品贸易，根据《中华人民共和国动物防疫法》，制定本办法。

第二条　本办法适用于中华人民共和国境内无规定动物疫病区的评估管理。

第三条　本办法所称无规定动物疫病区，是指具有天然屏障或者采用人工措施，在一定期限内没有发生规定的一种或者几种动物疫病，并经评估验收合格的区域。

无规定动物疫病区的范围，可以是以下区域：

（一）省、自治区、直辖市的部分或全部地理区域；

（二）毗邻省份连片的地理区域。

无规定动物疫病区分为免疫无规定动物疫病区和非免疫无规定

动物疫病区。

第四条 本办法所称无规定动物疫病区评估，是指按照《无规定动物疫病区管理技术规范》，对某一特定区域动物疫病状况及防控能力进行的综合评价。

第五条 农业部负责无规定动物疫病区评估管理工作，制定发布《无规定动物疫病区管理技术规范》和无规定动物疫病区评审细则。

农业部设立的全国动物卫生风险评估专家委员会，承担无规定动物疫病区评估工作。

第六条 无规定动物疫病区建设、评估应当符合有关国际组织确定的区域控制及风险评估的原则要求。

第二章 申 请

第七条 无规定动物疫病区建成并符合《无规定动物疫病区管理技术规范》要求的，由省级人民政府兽医主管部门向农业部申请评估。跨省的无规定动物疫病区，由区域涉及的省级人民政府兽医主管部门共同申请。

第八条 申请无规定动物疫病区评估应当提交申请书和自我评估报告。

申请书包括以下主要内容：

（一）无规定动物疫病区概况；

（二）兽医体系建设情况；

（三）动物疫情报告体系情况；

（四）动物疫病流行情况；

（五）控制、消灭策略和措施情况；

（六）免疫措施情况；

（七）规定动物疫病的监测情况；

（八）实验室建设情况；

（九）屏障及边界控制措施情况；

（十）应急体系建设及应急反应情况；

（十一）其他需要说明的事项。

自我评估报告包括以下主要内容：

（一）评估计划和评估专家组成情况；

（二）评估程序及主要内容，评估的组织和实施情况；

（三）评估结论。

第九条 农业部自收到申请之日起 10 个工作日内作出是否受理的决定，并书面通知申请单位和全国动物卫生风险评估专家委员会。

第三章 评 估

第十条 全国动物卫生风险评估专家委员会收到农业部通知后，应当在 5 个工作日内成立评估专家组并指定组长。评估专家组由 5 人以上单数组成，实行组长负责制。

第十一条 评估专家组按照《无规定动物疫病区管理技术规范》和评审细则等要求，开展评估工作。

无规定动物疫病区评估应当遵循科学、公平、公正的原则，采取书面评审和现场评审相结合的方式进行。

第十二条 评估专家组应当在 10 个工作日内完成书面评审。书面评审包括以下内容：

（一）申请书和自我评估报告格式是否符合规定，有无缺项、漏项；

（二）申报材料内容是否符合《无规定动物疫病区管理技术规范》的相关要求。

第十三条 书面评审不合格的，由全国动物卫生风险评估专家委员会报请农业部书面通知申请单位在规定期限内补充有关材料。逾期未报送的，按撤回申请处理。

第十四条　书面评审合格的，评估专家组应当制定现场评审方案，并在15个工作日内完成现场评审。

第十五条　现场评审应当包括下列内容：

（一）评估专家组组长主持召开会议，宣布现场评审方案和评估纪律等；

（二）听取申请单位关于无规定动物疫病区建设及管理情况的介绍；

（三）实地核查有关资料、档案和建设情况。

第十六条　评估专家组组长可以根据评审需要，召集临时会议，对评审中发现的问题进行讨论。必要时可以要求申请单位陈述有关情况。

申请单位应当如实提供评估专家组所要求的有关资料，并配合专家组开展评估。

第十七条　评估专家组应当根据评审细则确定的评审指标逐项核查，对核查结果进行综合评价，形成现场评审结果。

现场评审结果分为"建议通过""建议整改后通过""建议不予通过"。

现场评审结果为"建议通过"的，应当符合下列条件：

（一）现场评审指标中的关键项全部为"符合"，重点项没有"不符合"项；

（二）"符合"项占总项数80%以上（含）。其中：重点项中"基本符合"项数不超过重点项总项数的15%；普通项中"不符合"项总项数不超过普通项总项数的10%。

现场评审结果为"建议整改后通过"的，应当符合下列条件：

（一）关键项中没有"不符合"项；

（二）"符合"项总项数达到60%以上（含）但不足80%；

（三）通过限期整改可以达到"建议通过"条件。

有下列情形之一的，现场评审结果为"建议不予通过"：

（一）关键项中有"不符合"项；

（二）"符合"项总项数不足60%；

（三）申请单位隐瞒有关情况或者有其他欺骗行为。

第十八条 需要整改的，由全国动物卫生风险评估专家委员会办公室根据评估专家组建议，书面通知申请单位在规定期限内进行整改。

第十九条 申请单位在规定期限内完成整改后，将整改报告及相关证明材料报评估专家组审核，必要时进行现场核查，形成评审结果。

申请单位未在规定期限内提交整改报告及相关证明材料的，按撤回申请处理。

第二十条 评估专家组应当在现场评审或整改审核结束后20个工作日内向全国动物卫生风险评估专家委员会提交评估报告，全国动物卫生风险评估专家委员会组织召开全体委员会议或专题会议审核后报农业部。

第二十一条 评估专家组在评审过程中，应当遵守有关法律法规和工作制度，坚持原则，认真负责，廉洁自律，客观公正，对被评估单位提供的信息资料保密。评估专家组成员不得有下列行为：

（一）接受被评估单位或与被评估单位有关的中介机构或人员的馈赠；

（二）私下与上述单位或人员进行不当接触；

（三）评估结果未公布前，泄露评估结果及相关信息；

（四）其他可能影响公正评估的行为。

第四章 公 布

第二十二条 农业部自收到评估报告后 20 个工作日内完成审核，并作出无规定动物疫病区是否合格的决定。

第二十三条 农业部将审核合格的无规定动物疫病区列入国家无规定动物疫病区名录，并对外公布。不合格的，书面通知申请单位并说明理由。

第二十四条 农业部根据需要向有关国际组织、国家和地区通报评估情况，并根据无规定动物疫病区所在地省级人民政府兽医主管部门的意见，申请国际评估认可。

第五章 监督管理

第二十五条 农业部对已公布无规定动物疫病区的建设维持情况开展监督检查，发现问题的，通知所在地省级人民政府兽医主管部门限期整改。

第二十六条 有下列情形之一的，农业部暂停无规定动物疫病区资格：

（一）在无规定动物疫病区内发生有限疫情，按照《无规定动物疫病区管理技术规范》在规定时间内可以建立感染控制区的；

（二）区域区划发生变化，且屏障体系不能满足区域管理要求的；

（三）兽医机构体系及财政保障能力发生重大变化，不能支持无规定动物疫病区管理、维持和运行的；

（四）监测证据不能证明规定动物疫病无疫状况的；

（五）其他不符合《无规定动物疫病区管理技术规范》要求，需要暂停的情形。

第二十七条 出现第二十六条第一项规定情形的，省级人民政府兽医主管部门应当在规定动物疫病发生后 24 小时内开始建设感染控制区。

有限疫情控制后，感染控制区在规定动物疫病的 2 个潜伏期内未再发生规定动物疫病，且符合《无规定动物疫病区管理技术规范》要求的，全国动物卫生风险评估专家委员会根据省级人民政府兽医主管部门的申请，按照《无规定动物疫病区管理技术规范》对感染控制区建设情况组织开展评估。评估合格的，农业部对外宣布建成感染控制区，并恢复感染控制区外的无规定动物疫病区资格。

感染控制区建成后，在规定时间内未发生规定动物疫病的，全国动物卫生风险评估专家委员会根据省级人民政府兽医主管部门的申请，按照《无规定动物疫病区管理技术规范》进行评估。评估合格的，农业部恢复其无规定动物疫病区资格。

第二十八条 出现第二十六条第二项至第五项规定情形的，省级人民政府兽医主管部门应当根据农业部要求限期整改，经全国动物卫生风险评估专家委员会对整改情况评估合格的，农业部恢复其无规定动物疫病区资格。

第二十九条 有下列情形之一的，农业部撤销无规定动物疫病区资格：

（一）发生规定动物疫病，且未在规定时间内建成感染控制区的；

（二）出现第二十六条第二项至第五项规定情形，且未能在规定时间内完成整改的；

（三）伪造、隐藏、毁灭有关证据或者提供虚假证明材料，妨碍无规定动物疫病区检查评估的；

（四）其他不符合《无规定动物疫病区管理技术规范》要求，需要撤销的情形。

第三十条 被撤销资格的无规定动物疫病区，重新达到《无规定动物疫病区管理技术规范》要求的，由所在地省级人民政府兽医主管部门提出申请，申请材料应包括与资格撤销原因有关的整改说明、规定动物疫病状况、疫病防控措施等。经全国动物卫生风险评估专家委员会评估通过的，农业部重新认定其无规定动物疫病区资格。

第六章　附　则

第三十一条　境外无规定动物疫病区的无疫等效评估，参照本办法执行。

第三十二条　无规定动物疫病小区（无规定动物疫病生物安全隔离区）是指处于同一生物安全管理体系下的养殖场区，在一定期限内没有发生一种或几种规定动物疫病的若干动物养殖和其他辅助生产单元所构成的特定小型区域。无规定动物疫病小区的评估原则、程序及要求由农业部另行制定发布。

第三十三条　本办法自 2017 年 7 月 1 日起施行。农业部 2007 年 1 月 23 日发布的《无规定动物疫病区评估管理办法》（农业部令第 1 号）同时废止。

病死及死因不明动物处置办法（试行）

农医发〔2005〕25号

第一条 为规范病死及死因不明动物的处置，消灭传染源，防止疫情扩散，保障畜牧业生产和公共卫生安全，根据《中华人民共和国动物防疫法》等有关规定，制定本办法。

第二条 本办法适用于饲养、运输、屠宰、加工、贮存、销售及诊疗等环节发现的病死及死因不明动物的报告、诊断及处置工作。

第三条 任何单位和个人发现病死或死因不明动物时，应当立即报告当地动物防疫监督机构，并做好临时看管工作。

第四条 任何单位和个人不得随意处置及出售、转运、加工和食用病死或死因不明动物。

第五条 所在地动物防疫监督机构接到报告后，应立即派员到现场作初步诊断分析，能确定死亡病因的，应按照国家相应动物疫病防治技术规范的规定进行处理。

对非动物疫病引起死亡的动物，应在当地动物防疫监督机构指导下进行处理。

第六条 对病死但不能确定死亡病因的，当地动物防疫监督机构应立即采样送县级以上动物防疫监督机构确诊。对尸体要在动物防疫监督机构的监督下进行深埋、化制、焚烧等无害化处理。

第七条 对发病快、死亡率高等重大动物疫情，要按有关规定及时上报，对死亡动物及发病动物不得随意进行解剖，要由动物防疫监督机构采取临时性的控制措施，并采样送省级动物防疫监督机构或农业部指定的实验室进行确诊。

第八条 对怀疑是外来病，或者是国内新发疫病，应立即按规定逐级报至省级动物防疫监督机构，对动物尸体及发病动物不得随意进行解剖。经省级动物防疫监督机构初步诊断为疑似外来病，或者是国内新发疫病的，应立即报告农业部，并将病料送国家外来动物疫病诊断中心（农业部动物检疫所）或农业部指定的实验室进行诊断。

第九条 发现病死及死因不明动物所在地的县级以上动物防疫监督机构，应当及时组织开展死亡原因或流行病学调查，掌握疫情发生、发展和流行情况，为疫情的确诊、控制提供依据。

出现大批动物死亡事件或发生重大动物疫情的，由省级动物防疫监督机构组织进行死亡原因或流行病学调查；属于外来病或国内新发疫病，国家动物流行病学研究中心及农业部指定的疫病诊断实验室要派人协助进行流行病学调查工作。

第十条 除发生疫情的当地县级以上动物防疫监督机构外，任何单位和个人未经省级兽医行政主管部门批准，不得到疫区采样、分离病原、进行流行病学调查。当地动物防疫监督机构或获准到疫区采样和流行病学调查的单位和个人，未经原审批的省级兽医行政主管部门批准，不得向其他单位和个人提供所采集的病料及相关样品和资料。

第十一条 在对病死及死因不明动物采样、诊断、流行病学调查、无害化处理等过程中，要采取有效措施做好个人防护和消毒工作。

第十二条 发生动物疫情后，动物防疫监督机构应立即按规定逐级报告疫情，并依法对疫情作进一步处置，防止疫情扩散蔓延。动物疫情监测机构要按规定做好疫情监测工作。

第十三条 确诊为人畜共患疫病时，兽医行政主管部门要及时向同级卫生行政主管部门通报。

　　第十四条　各地应根据实际情况，建立病死及死因不明动物举报制度，并公布举报电话。对举报有功的人员，应给予适当奖励。

　　第十五条　对病死及死因不明动物各项处理，各级动物防疫监督机构要按规定做好相关记录、归档等工作。

　　第十六条　对违反规定经营病死及死因不明动物的或不按规定处理病死及死因不明动物的单位和个人，按《动物防疫法》有关规定处理。

　　第十七条　各级兽医行政主管部门要采取多种形式，宣传随意处置及出售、转运、加工和食用病死或死因不明动物的危害性，提高群众防病意识和自我保护能力。

动物 H7N9 禽流感紧急监测方案

农医发〔2013〕13 号

一、监测目的

掌握了解 H7N9 禽流感病毒在动物群体中的来源、宿主范围、传播途径和危害程度；为及时清除动物群体中的 H7N9 禽流感病原提供科学依据。

二、监测范围

（一）核心监测区

已发生人感染 H7N9 禽流感病例和经国家禽流感参考实验确诊有动物 H7N9 禽流感阳性的省份。

（二）重点监测区

与核心监测区相邻的省份。

（三）一般监测区

上述两类监测区以外的省份。

三、监测对象

鸡、水禽（鸭、鹅）和人工饲养的鸽子、鹌鹑等；野生禽类；生猪。

四、监测数量

（一）活禽交易市场

每个市场采集不少于 30 只家禽的对应血样、咽喉和泄殖腔拭子，尽可能覆盖多种家禽和多个摊位。

核心监测区每省采集所有活禽交易市场，重点监测区每个县（市、区）至少采集 1 个活禽交易市场，一般监测区每个地（市、州）至少采集 1 个活禽交易市场。

（二）家禽屠宰场

每个家禽屠宰场采集 3 个以上家禽群体，每个家禽群体采集 30 只家禽的对应血样、咽喉和泄殖腔拭子。

核心监测区每省采集所有家禽屠宰场，重点监测区每省至少采集 10 个家禽屠宰场，一般监测区每省至少采集 5 个家禽屠宰场。

（三）家禽养殖场（村）

每个家禽养殖场（村）采集不少于 30 只家禽的对应血样、咽喉和泄殖腔拭子，尽可能覆盖多个养禽舍（户）。

核心监测区每个县（市、区）至少采集 30 个家禽养殖场（村）；重点监测区每省至少采集 20 个家禽养殖场（村）；一般监测区每省至少采集 10 个家禽养殖场（村）。

一旦家禽养殖场（村）采集样品的病原学检测结果阳性的，对该场（村）所在县域的所有家禽养殖场（村）进行监测。

（四）野生禽类栖息地

收集野生禽类新鲜粪便。对能捕获到的野生禽类采集咽喉和泄殖腔拭子。

（五）生猪屠宰场

每个屠宰场采集生猪鼻腔拭子不少于 30 份。核心监测区每省至少采集 20 个屠宰场，重点监测区每省至少采集 10 个屠宰场，一般监测区每省至少采集 5 个屠宰场。

（六）其他

各省自行确定上述场点的环境样品采样数量。

五、检测方法

（一）血清学检测

采用血凝抑制（HI）试验，检测血清中 H7 亚型禽流感病毒血凝素抗体。具体操作参照《高致病性禽流感诊断技术》（GB/T 18936-2003）中 HI 试验进行，HI 抗体水平≥24，结果判定为阳性。

（二）病原学检测

采用农业部推荐的 RT-PCR 或荧光 RT-PCR 检测方法，检测咽喉和泄殖腔拭子样品 H7 亚型禽流感病毒 HA 基因片段。按照推荐试剂（盒）的使用说明进行。

六、监测时间

力争 2013 年 4 月底前完成。

七、任务分工

农业部兽医局负责组织实施，中国动物疫病预防控制中心负责工作协调和数据汇总分析，国家禽流感参考实验室负责提供技术支持和诊断试剂供应。

省级兽医主管部门负责组织实施本辖区的监测工作，省级动物疫病预防控制机构负责病原学检测工作，市县两级动物疫病预防控制机构负责血清学检测工作，也可委托相关单位进行检测。

八、有关要求

（一）对阳性结果实行快报制度。市县两级动物疫病预防控制机构血清学检测到阳性样品，送省级动物疫病预防控制机构进行病原学检测，阳性结果 2 小时内报告同级兽医主管部门。省级动物疫病预防控制机构 1 小时内将阳性结果报省级兽医主管部门和中国动物疫病预防控制中心，24 小时内将阳性样品送国家禽流感参考实验室。中国动物疫病预防控制中心 1 小时内将情况报农业部兽医局。国家禽流感参考实验室确诊后立即报农业部兽医局。

（二）对监测情况实行周报告制度。各省动物疫病预防控制机构每周一 10 点前通过全国动物疫病监测与疫情信息系统将监测结果汇总报告至中国动物疫病预防控制中心。中国动物疫病预防控制中心每周一 12 点前将汇总结果报农业部兽医局，同时抄送中国动物卫生与流行病学中心。

（三）开展回溯性监测。中国动物疫病预防控制中心、中国动物卫生与流行病学中心和各省动物疫病预防控制机构对 2012 年 1 月以来保存的相关样品，开展 H7 亚型禽流感的回溯性监测。

（四）做好样品采集记录。规范填写采样记录单，确保记录真实、准确、可追溯。所有样品要逐级履行登记、审核、签字、盖章制度。

（五）规范处置阳性情况。监测发现阳性的，严格按照《动物 H7N9 禽流感应急处置指南（试行）》进行处置。

联系方式：

农业部兽医局

联系电话：010-59191401，传真：010-59192861；

中国动物疫病预防控制中心

联系电话：010-59194601，传真：010-59194711；

中国动物卫生与流行病学中心

联系电话：0532-85648038，传真：0532-85653716；

动物 H7N9 禽流感应急处置指南（试行）

农医发〔2013〕13 号

一、适用范围

本指南规定了动物 H7N9 禽流感的阳性确认、处置、紧急流行病学调查和人员防护。

二、阳性确认

H7 亚型反转录-聚合酶链反应（RT-PCR）或荧光反转录-聚合酶链反应（荧光 RT-PCR）检测结果阳性的，为 H7 亚型禽流感病毒感染阳性。

省级动物疫病预防控制机构诊断为 H7 亚型禽流感病毒感染疑似阳性的，送国家禽流感参考实验室对结果进行复核。国家禽流感参考实验室开展复核和其他相关工作后，进行确诊。农业部根据最终确诊结果，确认 H7 亚型禽流感病毒感染阳性。

三、阳性处置

感染群指阳性样品被采动物所在的动物群体，包括以下三种类型，一是养殖场的同栋动物，二是活禽交易市场的同场禽类，三是农村散养的同户禽类。

经省级动物疫病预防控制机构诊断为 H7 亚型禽流感病毒疑似阳性的，限制感染群所在场（村）的所有动物移动。

经农业部确认为 H7 亚型禽流感病毒感染阳性的，对感染群的所有动物进行扑杀，对扑杀动物及其产品进行无害化处理，对感染群所在场（村）的内外环境实施严格的消毒措施，对污染物或可疑污染物进行无害化处理，对污染的场所和设施进行彻底消毒。感染群在交易市场或屠宰场的，应立即关闭该交易市场或屠宰场。经省级兽医主管部门与有关部门共同分析评估合格后，方可开放交易市场或屠宰场。

同场（村）中感染群以外的其他动物，在感染群处置后再次进行监测，直至监测无感染阳性后才允许移动。

四、紧急流行病学调查

对 H7 亚型禽流感病毒感染阳性的，参照《高致病性禽流感流行病学调查规范》，进行紧急流行病学调查和病原学研究。

五、人员防护

在应急处置中，人员防护严格按《高致病性禽流感人员防护技术规范》执行。

动物检疫管理办法

中华人民共和国农业部令

2010 年第 6 号

《动物检疫管理办法》已经 2010 年 1 月 4 日农业部第一次常务会议审议通过，现予发布，自 2010 年 3 月 1 日起施行。2002 年 5 月 24 日农业部发布的《动物检疫管理办法》（农业部令第 14 号）同时废止。

农业部部长

二〇一〇年一月二十一日

第一章 总 则

第一条 为加强动物检疫活动管理，预防、控制和扑灭动物疫病，保障动物及动物产品安全，保护人体健康，维护公共卫生安全，根据《中华人民共和国动物防疫法》（以下简称《动物防疫法》），制定本办法。

第二条 本办法适用于中华人民共和国领域内的动物检疫活动。

第三条　农业部主管全国动物检疫工作。

县级以上地方人民政府兽医主管部门主管本行政区域内的动物检疫工作。

县级以上地方人民政府设立的动物卫生监督机构负责本行政区域内动物、动物产品的检疫及其监督管理工作。

第四条　动物检疫的范围、对象和规程由农业部制定、调整并公布。

第五条　动物卫生监督机构指派官方兽医按照《动物防疫法》和本办法的规定对动物、动物产品实施检疫，出具检疫证明，加施检疫标志。

动物卫生监督机构可以根据检疫工作需要，指定兽医专业人员协助官方兽医实施动物检疫。

第六条　动物检疫遵循过程监管、风险控制、区域化和可追溯管理相结合的原则。

第二章　检疫申报

第七条　国家实行动物检疫申报制度。

动物卫生监督机构应当根据检疫工作需要，合理设置动物检疫申报点，并向社会公布动物检疫申报点、检疫范围和检疫对象。

县级以上人民政府兽医主管部门应当加强动物检疫申报点的建设和管理。

第八条　下列动物、动物产品在离开产地前，货主应当按规定时限向所在地动物卫生监督机构申报检疫：

（一）出售、运输动物产品和供屠宰、继续饲养的动物，应当提前3天申报检疫。

（二）出售、运输乳用动物、种用动物及其精液、卵、胚胎、种蛋，以及参加展览、演出和比赛的动物，应当提前 15 天申报检疫。

（三）向无规定动物疫病区输入相关易感动物、易感动物产品的，货主除按规定向输出地动物卫生监督机构申报检疫外，还应当在起运 3 天前向输入地省级动物卫生监督机构申报检疫。

第九条 合法捕获野生动物的，应当在捕获后 3 天内向捕获地县级动物卫生监督机构申报检疫。

第十条 屠宰动物的，应当提前 6 小时向所在地动物卫生监督机构申报检疫；急宰动物的，可以随时申报。

第十一条 申报检疫的，应当提交检疫申报单；跨省、自治区、直辖市调运乳用动物、种用动物及其精液、胚胎、种蛋的，还应当同时提交输入地省、自治区、直辖市动物卫生监督机构批准的《跨省引进乳用种用动物检疫审批表》。

申报检疫采取申报点填报、传真、电话等方式申报。采用电话申报的，需在现场补填检疫申报单。

第十二条 动物卫生监督机构受理检疫申报后，应当派出官方兽医到现场或指定地点实施检疫；不予受理的，应当说明理由。

第三章　产地检疫

第十三条 出售或者运输的动物、动物产品经所在地县级动物卫生监督机构的官方兽医检疫合格，并取得《动物检疫合格证明》后，方可离开产地。

第十四条 出售或者运输的动物，经检疫符合下列条件，由官方兽医出具《动物检疫合格证明》：

（一）来自非封锁区或者未发生相关动物疫情的饲养场（户）；

（二）按照国家规定进行了强制免疫，并在有效保护期内；

（三）临床检查健康；

（四）农业部规定需要进行实验室疫病检测的，检测结果符合要求；

（五）养殖档案相关记录和畜禽标识符合农业部规定。

乳用、种用动物和宠物，还应当符合农业部规定的健康标准。

第十五条 合法捕获的野生动物，经检疫符合下列条件，由官方兽医出具《动物检疫合格证明》后，方可饲养、经营和运输：

（一）来自非封锁区；

（二）临床检查健康；

（三）农业部规定需要进行实验室疫病检测的，检测结果符合要求。

第十六条 出售、运输的种用动物精液、卵、胚胎、种蛋，经检疫符合下列条件，由官方兽医出具《动物检疫合格证明》：

（一）来自非封锁区，或者未发生相关动物疫情的种用动物饲养场；

（二）供体动物按照国家规定进行了强制免疫，并在有效保护期内；

（三）供体动物符合动物健康标准；

（四）农业部规定需要进行实验室疫病检测的，检测结果符合要求；

（五）供体动物的养殖档案相关记录和畜禽标识符合农业部规定。

第十七条 出售、运输的骨、角、生皮、原毛、绒等产品，经检疫符合下列条件，由官方兽医出具《动物检疫合格证明》：

（一）来自非封锁区，或者未发生相关动物疫情的饲养场（户）；

（二）按有关规定消毒合格；

（三）农业部规定需要进行实验室疫病检测的，检测结果符合要求。

第十八条　经检疫不合格的动物、动物产品，由官方兽医出具检疫处理通知单，并监督货主按照农业部规定的技术规范处理。

第十九条　跨省、自治区、直辖市引进用于饲养的非乳用、非种用动物到达目的地后，货主或者承运人应当在 24 小时内向所在地县级动物卫生监督机构报告，并接受监督检查。

第二十条　跨省、自治区、直辖市引进的乳用、种用动物到达输入地后，在所在地动物卫生监督机构的监督下，应当在隔离场或饲养场（养殖小区）内的隔离舍进行隔离观察，大中型动物隔离期为 45 天，小型动物隔离期为 30 天。经隔离观察合格的方可混群饲养；不合格的，按照有关规定进行处理。隔离观察合格后需继续在省内运输的，货主应当申请更换《动物检疫合格证明》。动物卫生监督机构更换《动物检疫合格证明》不得收费。

第四章　屠宰检疫

第二十一条　县级动物卫生监督机构依法向屠宰场（厂、点）派驻（出）官方兽医实施检疫。屠宰场（厂、点）应当提供与屠宰规模相适应的官方兽医驻场检疫室和检疫操作台等设施。出场（厂、点）的动物产品应当经官方兽医检疫合格，加施检疫标志，并附有《动物检疫合格证明》。

第二十二条　进入屠宰场（厂、点）的动物应当附有《动物检疫合格证明》，并佩戴有农业部规定的畜禽标识。

官方兽医应当查验进场动物附具的《动物检疫合格证明》和佩戴的畜禽标识，检查待宰动物健康状况，对疑似染疫的动物进行隔离观察。

官方兽医应当按照农业部规定，在动物屠宰过程中实施全流程同步检疫和必要的实验室疫病检测。

第二十三条 经检疫符合下列条件的，由官方兽医出具《动物检疫合格证明》，对胴体及分割、包装的动物产品加盖检疫验讫印章或者加施其他检疫标志：

（一）无规定的传染病和寄生虫病；

（二）符合农业部规定的相关屠宰检疫规程要求；

（三）需要进行实验室疫病检测的，检测结果符合要求。

骨、角、生皮、原毛、绒的检疫还应当符合本办法第十七条有关规定。

第二十四条 经检疫不合格的动物、动物产品，由官方兽医出具检疫处理通知单，并监督屠宰场（厂、点）或者货主按照农业部规定的技术规范处理。

第二十五条 官方兽医应当回收进入屠宰场（厂、点）动物附具的《动物检疫合格证明》，填写屠宰检疫记录。回收的《动物检疫合格证明》应当保存十二个月以上。

第二十六条 经检疫合格的动物产品到达目的地后，需要直接在当地分销的，货主可以向输入地动物卫生监督机构申请换证，换证不得收费。换证应当符合下列条件：

（一）提供原始有效《动物检疫合格证明》，检疫标志完整，且证物相符；

（二）在有关国家标准规定的保质期内，且无腐败变质。

第二十七条 经检疫合格的动物产品到达目的地，贮藏后需继续调运或者分销的，货主可以向输入地动物卫生监督机构重新申报检疫。输入地县级以上动物卫生监督机构对符合下列条件的动物产品，出具《动物检疫合格证明》。

（一）提供原始有效《动物检疫合格证明》，检疫标志完整，且证物相符；

（二）在有关国家标准规定的保质期内，无腐败变质；

（三）有健全的出入库登记记录；

（四）农业部规定进行必要的实验室疫病检测的，检测结果符合要求。

第五章 水产苗种产地检疫

第二十八条 出售或者运输水生动物的亲本、稚体、幼体、受精卵、发眼卵及其他遗传育种材料等水产苗种的，货主应当提前 20 天向所在地县级动物卫生监督机构申报检疫；经检疫合格，并取得《动物检疫合格证明》后，方可离开产地。

第二十九条 养殖、出售或者运输合法捕获的野生水产苗种的，货主应当在捕获野生水产苗种后 2 天内向所在地县级动物卫生监督机构申报检疫；经检疫合格，并取得《动物检疫合格证明》后，方可投放养殖场所、出售或者运输。

合法捕获的野生水产苗种实施检疫前，货主应当将其隔离在符合下列条件的临时检疫场地：

（一）与其他养殖场所有物理隔离设施；

（二）具有独立的进排水和废水无害化处理设施以及专用渔具；

（三）农业部规定的其他防疫条件。

第三十条 水产苗种经检疫符合下列条件的，由官方兽医出具《动物检疫合格证明》：

（一）该苗种生产场近期未发生相关水生动物疫情；

（二）临床健康检查合格；

（三）农业部规定需要经水生动物疫病诊断实验室检验的，检验结果符合要求。

检疫不合格的，动物卫生监督机构应当监督货主按照农业部规定的技术规范处理。

第三十一条 跨省、自治区、直辖市引进水产苗种到达目的地后，货主或承运人应当在 24 小时内按照有关规定报告，并接受当地动物卫生监督机构的监督检查。

第六章　无规定动物疫病区动物检疫

第三十二条 向无规定动物疫病区运输相关易感动物、动物产品的，除附有输出地动物卫生监督机构出具的《动物检疫合格证明》外，还应当向输入地省、自治区、直辖市动物卫生监督机构申报检疫，并按照本办法第三十三条、第三十四条规定取得输入地《动物检疫合格证明》。

第三十三条 输入到无规定动物疫病区的相关易感动物，应当在输入地省、自治区、直辖市动物卫生监督机构指定的隔离场所，按照农业部规定的无规定动物疫病区有关检疫要求隔离检疫。大中型动物隔离检疫期为 45 天，小型动物隔离检疫期为 30 天。隔离检疫合格的，由输入地省、自治区、直辖市动物卫生监督机构的官方兽医出具《动物检疫合格证明》；不合格的，不准进入，并依法处理。

第三十四条 输入到无规定动物疫病区的相关易感动物产品，应当在输入地省、自治区、直辖市动物卫生监督机构指定的地点，按照农业部规定的无规定动物疫病区有关检疫要求进行检疫。检疫合格的，由输入地省、自治区、直辖市动物卫生监督机构的官方兽医出具《动物检疫合格证明》；不合格的，不准进入，并依法处理。

第七章　乳用种用动物检疫审批

第三十五条 跨省、自治区、直辖市引进乳用动物、种用动物及其精液、胚胎、种蛋的，货主应当填写《跨省引进乳用种用动物检疫审批表》，向输入地省、自治区、直辖市动物卫生监督机构申请办理审批手续。

第三十六条 输入地省、自治区、直辖市动物卫生监督机构应当自受理申请之日起 10 个工作日内，做出是否同意引进的决定。符合下列条件的，签发《跨省引进乳用种用动物检疫审批表》；不符合下列条件的，书面告知申请人，并说明理由。

（一）输出和输入饲养场、养殖小区取得《动物防疫条件合格证》；

（二）输入饲养场、养殖小区存栏的动物符合动物健康标准；

（三）输出的乳用、种用动物养殖档案相关记录符合农业部规定；

（四）输出的精液、胚胎、种蛋的供体符合动物健康标准。

第三十七条 货主凭输入地省、自治区、直辖市动物卫生监督机构签发的《跨省引进乳用种用动物检疫审批表》，按照本办法规定向输出地县级动物卫生监督机构申报检疫。输出地县级动物卫生监督机构应当按照本办法的规定实施检疫。

第三十八条 跨省引进乳用种用动物应当在《跨省引进乳用种用动物检疫审批表》有效期内运输。逾期引进的，货主应当重新办理审批手续。

第八章 检疫监督

第三十九条 屠宰、经营、运输以及参加展览、演出和比赛的动物，应当附有《动物检疫合格证明》；经营、运输的动物产品应当附有《动物检疫合格证明》和检疫标志。

对符合前款规定的动物、动物产品，动物卫生监督机构可以查验检疫证明、检疫标志，对动物、动物产品进行采样、留验、抽检，但不得重复检疫收费。

第四十条 依法应当检疫而未经检疫的动物，由动物卫生监督机构依照本条第二款规定补检，并依照《动物防疫法》处理处罚。

符合下列条件的，由动物卫生监督机构出具《动物检疫合格证明》；不符合的，按照农业部有关规定进行处理。

（一）畜禽标识符合农业部规定；

（二）临床检查健康；

（三）农业部规定需要进行实验室疫病检测的，检测结果符合要求。

第四十一条 依法应当检疫而未经检疫的骨、角、生皮、原毛、绒等产品，符合下列条件的，由动物卫生监督机构出具《动物检疫合格证明》；不符合的，予以没收销毁。同时，依照《动物防疫法》处理处罚。

（一）货主在5天内提供输出地动物卫生监督机构出具的来自非封锁区的证明；

（二）经外观检查无腐烂变质；

（三）按有关规定重新消毒；

（四）农业部规定需要进行实验室疫病检测的，检测结果符合要求。

第四十二条 依法应当检疫而未经检疫的精液、胚胎、种蛋等，符合下列条件的，由动物卫生监督机构出具《动物检疫合格证明》；不符合的，予以没收销毁。同时，依照《动物防疫法》处理处罚。

（一）货主在5天内提供输出地动物卫生监督机构出具的来自非封锁区的证明和供体动物符合健康标准的证明；

（二）在规定的保质期内，并经外观检查无腐败变质；

（三）农业部规定需要进行实验室疫病检测的，检测结果符合要求。

第四十三条 依法应当检疫而未经检疫的肉、脏器、脂、头、蹄、血液、筋等，符合下列条件的，由动物卫生监督机构出具《动物检疫合格证明》，并依照《动物防疫法》第七十八条的规定进行处罚；不符合下列条件的，予以没收销毁，并依照《动物防疫法》第七十六条的规定进行处罚：

（一）货主在 5 天内提供输出地动物卫生监督机构出具的来自非封锁区的证明；

（二）经外观检查无病变、无腐败变质；

（三）农业部规定需要进行实验室疫病检测的，检测结果符合要求。

第四十四条 经铁路、公路、水路、航空运输依法应当检疫的动物、动物产品的，托运人托运时应当提供《动物检疫合格证明》。没有《动物检疫合格证明》的，承运人不得承运。

第四十五条 货主或者承运人应当在装载前和卸载后，对动物、动物产品的运载工具以及饲养用具、装载用具等，按照农业部规定的技术规范进行消毒，并对清除的垫料、粪便、污物等进行无害化处理。

第四十六条 封锁区内的商品蛋、生鲜奶的运输监管按照《重大动物疫情应急条例》实施。

第四十七条 经检疫合格的动物、动物产品应当在规定时间内到达目的地。经检疫合格的动物在运输途中发生疫情，应按有关规定报告并处置。

第九章 罚 则

第四十八条 违反本办法第十九条、第三十一条规定，跨省、自治区、直辖市引进用于饲养的非乳用、非种用动物和水产苗种到达目的地后，未向所在地动物卫生监督机构报告的，由动物卫生监督机构处五百元以上二千元以下罚款。

第四十九条　违反本办法第二十条规定，跨省、自治区、直辖市引进的乳用、种用动物到达输入地后，未按规定进行隔离观察的，由动物卫生监督机构责令改正，处二千元以上一万元以下罚款。

第五十条　其他违反本办法规定的行为，依照《动物防疫法》有关规定予以处罚。

第十章　附　则

第五十一条　动物卫生监督证章标志格式或样式由农业部统一制定。

第五十二条　水产苗种产地检疫，由地方动物卫生监督机构委托同级渔业主管部门实施。水产苗种以外的其他水生动物及其产品不实施检疫。

第五十三条　本办法自 2010 年 3 月 1 日起施行。农业部 2002 年 5 月 24 日发布的《动物检疫管理办法》（农业部令第 14 号）自本办法施行之日起废止。

附　录

进境动物隔离检疫场使用监督管理办法

国家质量监督检验检疫总局令

2009 年第 122 号

《进境动物隔离检疫场使用监督管理办法》已经 2009
年 9 月 28 日国家质量监督检验检疫总局局务会议审议通
过，现予公布，自 2009 年 12 月 10 日起施行。

国家质量监督检验检疫总局局长

二〇〇九年十月二十二日

第一章　总　则

第一条　为做好进境动物隔离检疫场（以下简称隔离场）的管
理工作，根据《中华人民共和国进出境动植物检疫法》及其实施条
例等法律法规的规定，制定本办法。

第二条　本办法所称隔离场是指专用于进境动物隔离检疫的
场所。包括两类，一是国家质量监督检验检疫总局（以下简称国
家质检总局）设立的动物隔离检疫场所（以下简称国家隔离场），
二是由各直属检验检疫局指定的动物隔离场所（以下简称指定隔
离场）。

第三条 申请使用隔离场的单位或者个人（以下简称使用人）和国家隔离场或者指定隔离场的所有单位或者个人（以下简称所有人）应当遵守本办法的规定。

第四条 国家质检总局主管全国进境动物隔离场的监督管理工作。

国家质检总局设在各地的出入境检验检疫机构（以下简称检验检疫机构）负责辖区内进境动物隔离场的监督管理工作。

第五条 隔离场的选址、布局和建设，应当符合国家相关标准和要求。

相关标准与要求由国家质检总局另行发文明确。

第六条 使用国家隔离场，应当经国家质检总局批准。使用指定隔离场，应当经所在地直属检验检疫局批准。

进境种用大中动物应当在国家隔离场隔离检疫，当国家隔离场不能满足需求，需要在指定隔离场隔离检疫时，应当报经国家质检总局批准。

进境种用大中动物之外的其他动物应当在国家隔离场或者指定隔离场隔离检疫。

第七条 进境种用大中动物隔离检疫期为 45 天，其他动物隔离检疫期为 30 天。

需要延长或者缩短隔离检疫期的，应当报国家质检总局批准。

第二章 使用申请

第八条 申请使用国家隔离场的，使用人应当向国家质检总局提交如下材料：

（一）填制真实准确的《中华人民共和国进境动物隔离检疫场使用申请表》；

（二）使用人（法人或者自然人）身份证明材料复印件；

（三）对外贸易经营权证明材料复印件；

（四）进境动物从入境口岸进入隔离场的运输安排计划和运输路线；

（五）国家质检总局要求的其它材料。

第九条 申请使用指定隔离场的，使用人应当在办理《中华人民共和国进境动植物检疫许可证》前，向所在地直属检验检疫局提交如下材料：

（一）填制真实准确的《中华人民共和国进境动物隔离检疫场使用申请表》；

（二）使用人（法人或者自然人）身份证明材料复印件；

（三）对外贸易经营权证明材料复印件；

（四）隔离场整体平面图及显示隔离场主要设施和环境的照片；

（五）隔离场动物防疫、饲养管理等制度；

（六）由县级或者县级以上兽医行政主管部门出具的隔离场所在地未发生《中华人民共和国进境动物一、二类传染病、寄生虫病名录》、《中华人民共和国一、二、三类动物疫病病种名录》中规定的与隔离检疫动物相关的一类动物传染病证明；

（七）进境动物从入境口岸进入隔离场的运输安排计划和运输路线；

（八）当隔离场的使用人与所有人不一致时，使用人还须提供与所有人签订的隔离场使用协议；

（九）检验检疫机构要求的其它材料。

第十条 国家质检总局、直属检验检疫局应当按照规定对隔离场使用申请进行审核。

隔离场使用人申请材料不齐全或者不符合法定形式的，应当当场或者在5个工作日内一次告知使用人需要补正的全部内容，逾期不告知的，自收到申请材料之日起即为受理。

受理申请后，国家质检总局、直属检验检疫局应当根据本办法规定，对使用人提供的有关材料进行审核，并对申请使用的隔离场组织实地考核。

申请使用指定隔离场用于隔离种用大中动物的，由直属检验检疫局审核提出审核意见报国家质检总局批准；用于种用大中动物之外的其他动物隔离检疫的，由直属检验检疫局审核、批准。

第十一条　国家质检总局、直属检验检疫局应当自受理申请之日起20个工作日内做出书面审批意见（现场考核评审时间不计入20个工作日内）。经审核合格的，直属检验检疫局受理的，由直属检验检疫局签发《隔离场使用证》。国家质检总局受理的，由国家质检总局在签发的《中华人民共和国进境动植物检疫许可证》中列明批准内容。20个工作日内不能做出决定的，经本机构负责人批准，可以延长10个工作日，并应当将延长期限的理由告知使用人。其他法律、法规另有规定的，依照其规定执行。

不予批准的，应当书面说明理由，告知申请人享有依法申请行政复议或者提起行政诉讼的权利。

第十二条　《隔离场使用证》有效期为6个月。

隔离场使用人凭有效《隔离场使用证》向隔离场所在地直属检验检疫局申请办理《中华人民共和国进境动植物检疫许可证》。

第十三条　《隔离场使用证》的使用一次有效。

同一隔离场再次申请使用的，应当重新办理审批手续。两次使用的间隔期间不得少于30天。

第十四条　已经获得《隔离场使用证》，发生下列情形之一时，隔离场使用人应当重新申请办理：

（一）《隔离场使用证》超过有效期的；

（二）《隔离场使用证》内容发生变更的；

（三）隔离场设施和环境卫生条件发生改变的。

第十五条　已经获得《隔离场使用证》，发生下列情况之一时，由发证机关撤回：

（一）隔离场原有设施和环境卫生条件发生改变，不符合隔离动物检疫条件和要求的；

（二）隔离场所在地发生一类动物传染病、寄生虫病或者其他突发事件的。

第十六条 使用人以欺骗、贿赂等不正当手段取得《隔离场使用证》的，检验检疫机构应当依法将其《隔离场使用证》撤销。

第三章 检疫准备

第十七条 隔离场经批准使用后，使用人应当做好隔离场的维护，保持隔离场批准时的设施完整和环境卫生条件，保证相关设施的正常运行。

第十八条 动物进场前，检验检疫机构应当派员实地核查隔离场设施和环境卫生条件的维护情况。

第十九条 使用人应当确保隔离场使用前符合下列要求：

（一）动物进入隔离场前10天，所有场地、设施、工具必须保持清洁，并采用检验检疫机构认可的有效方法进行不少于3次的消毒处理，每次消毒之间应当间隔3天；

（二）应当准备供动物隔离期间使用的充足的饲草、饲料和垫料。饲草、垫料不得来自严重动物传染病或者寄生虫病疫区，饲料应当符合法律法规的规定，并建立进场检查验收登记制度；

饲草、饲料和垫料应当在检验检疫机构的监督下，由检验检疫机构认可的单位进行熏蒸消毒处理；

水生动物不得饲喂鲜活饵料，遇特殊需要时，应当事先征得检验检疫机构的同意；

（三）应当按照检验检疫机构的要求，适当储备必要的防疫消毒器材、药剂、疫苗等，并建立进场检查验收和使用登记制度；

（四）饲养人员和隔离场管理人员，在进入隔离场前，应当到具有相应资质的医疗机构进行健康检查并取得健康证明。未取得健康证明的，不准进入隔离场。健康检查项目应当包括活动性肺结核、布氏杆菌病、病毒性肝炎等人畜共患病；

（五）饲养人员和管理人员在进入隔离场前应当接受检验检疫机构的动物防疫、饲养管理等基础知识培训，经考核合格后方可上岗；

（六）人员、饲草、饲料、垫料、用品、用具等应当在隔离场作最后一次消毒前进入隔离检疫区；

（七）用于运输隔离检疫动物的运输工具及辅助设施，在使用前应当按照检验检疫机构的要求进行消毒，人员、车辆的出入通道应当设置消毒池或者放置消毒垫。

第四章　隔离检疫

第二十条　经入境口岸检验检疫机构现场检验检疫合格的进境动物方可运往隔离场进行隔离检疫。

第二十一条　检验检疫机构对隔离场实行监督管理，监督和检查隔离场动物饲养、防疫等措施的落实。对进境种用大中动物，隔离检疫期间实行24小时检验检疫机构工作人员驻场监管。

第二十二条　检验检疫机构工作人员、隔离场使用人应当按照要求落实各项管理措施，认真填写《进出境动物隔离检疫场检验检疫监管手册》。

第二十三条　检验检疫机构负责隔离检疫期间样品的采集、送检和保存工作。隔离动物样品采集工作应当在动物进入隔离场后7天内完成。样品保存时间至少为6个月。

第二十四条　检验检疫机构按照国家质检总局的有关规定，对动物进行临床观察和实验室项目的检测，根据检验检疫结果出具相关的单证，实验室检疫不合格的，应当尽快将有关情况通知隔离场使用人并对阳性动物依法及时进行处理。

第二十五条 检验检疫机构按照国家质检总局相关的规定对进口动物进行必要的免疫和预防性治疗。隔离场使用人在征得检验检疫机构同意后可以对患病动物进行治疗。

第二十六条 动物隔离检疫期间，隔离场使用人应当做到：

（一）门卫室实行 24 小时值班制，对人员、车辆、用具、用品实行严格的出入登记制度。发现有异常情况及时向检验检疫机构报告；

（二）保持隔离场完好和场内环境清洁卫生，做好防火、防盗和灭鼠、防蚊蝇等工作；

（三）人员、车辆、物品出入隔离场的应当征得检验检疫机构的同意，并采取有效的消毒防疫措施后，方可进出隔离区；人员在进入隔离场前 15 天内未从事与隔离动物相关的实验室工作，也未参观过其它农场、屠宰厂或者动物交易市场等；

（四）不得将与隔离动物同类或者相关的动物及其产品带入隔离场内；

（五）不得饲养除隔离动物以外的其它动物。特殊情况需使用看门犬的，应当征得检验检疫机构同意。犬类动物隔离场，不得使用看门犬；

（六）饲养人员按照规定作息时间做好动物饲喂、饲养场地的清洁卫生，定期对饲养舍、场地进行清洗、消毒，保持动物、饲养舍、场区和所有用具的清洁卫生，并做好相关记录；

（七）隔离检疫期间所使用的饲料、饲料添加剂与农业投入品应当符合法律、行政法规的规定和国家强制性标准的规定；

（八）严禁转移隔离检疫动物和私自采集、保存、运送检疫动物血液、组织、精液、分泌物等样品或者病料。未经检验检疫机构同意，不得将生物制品带入隔离场内，不得对隔离动物进行药物治疗、疫苗注射、人工授精和胚胎移植等处理；

（九）隔离检疫期间，严禁将隔离动物产下的幼畜、蛋及乳等移出隔离场；

（十）隔离检疫期间，应当及时对动物栏舍进行清扫，粪便、垫料及污物、污水应当集中放置或者及时进行无害化处理。严禁将粪便、垫料及污物移出隔离场；

（十一）发现疑似患病或者死亡的动物，应当立即报告所在地检验检疫机构，并立即采取下列措施：

1. 将疑似患病动物移入患病动物隔离舍（室、池），由专人负责饲养管理；

2. 对疑似患病和死亡动物停留过的场所和接触过的用具、物品进行消毒处理；

3. 禁止自行处置（包括解剖、转移、急宰等）患病、死亡动物；

4. 死亡动物应当按照规定作无害化处理。

第二十七条　隔离检疫期间，隔离场内发生重大动物疫情的，应当按照《进出境重大动物疫情应急处置预案》处理。

第五章　后续监管

第二十八条　隔离场使用完毕后，应当在检验检疫机构的监督下，作如下处理：

（一）动物的粪便、垫料及污物、污水进行无害化处理确保符合防疫要求后，方可运出隔离场；

（二）剩余的饲料、饲草、垫料和用具等应当作无害化处理或者消毒后方可运出场外；

（三）对隔离场场地、设施、器具进行消毒处理。

第二十九条　隔离场使用人及隔离场所在地检验检疫机构应当按照规定记录动物流向和《隔离场检验检疫监管手册》，档案保存期至少5年。

第三十条 种用大中动物隔离检疫结束后，承担隔离检疫任务的直属检验检疫局应当在 2 周内将检疫情况书面上报国家质检总局并通报目的地检验检疫机构。检疫情况包括：隔离检疫管理、检疫结果、动物健康状况、检疫处理情况及动物流向。

第六章　法律责任

第三十一条 动物隔离检疫期间，隔离场使用人有下列情形之一的，由检验检疫机构按照《进出境动植物检疫法实施条例》第六十条规定予以警告；情节严重的，处以 3000 元以上 3 万元以下罚款：

（一）将隔离动物产下的幼畜、蛋及乳等移出隔离场的；

（二）未经检验检疫机构同意，对隔离动物进行药物治疗、疫苗注射、人工授精和胚胎移植等处理；

（三）未经检验检疫机构同意，转移隔离检疫动物或者采集、保存其血液、组织、精液、分泌物等样品或者病料的；

（四）发现疑似患病或者死亡的动物，未立即报告所在地检验检疫机构，并自行转移和急宰患病动物，自行解剖和处置患病、死亡动物的；

（五）未将动物按照规定调入隔离场的。

第三十二条 动物隔离检疫期间，隔离场使用人有下列情形之一的，由检验检疫机构予以警告；情节严重的，处以 1 万元以下罚款：

（一）人员、车辆、物品未经检验检疫机构同意，并未采取有效的消毒防疫措施，擅自进入隔离场的；

（二）饲养隔离动物以外的其他动物的；

（三）未经检验检疫机构同意，将与隔离动物同类或者相关动物及其产品、动物饲料、生物制品带入隔离场内的。

第三十三条 隔离场使用完毕后，隔离场使用人有下列情形的，由检验检疫机构责令改正；情节严重的，处以 1 万元以下罚款：

（一）未在检验检疫机构的监督下对动物的粪便、垫料及污物、污水进行无害化处理，不符合防疫要求即运出隔离场的；

（二）未在检验检疫机构的监督下对剩余的饲料、饲草、垫料和用具等作无害化处理或者消毒后即运出隔离场的；

（三）未在检验检疫机构的监督下对隔离场场地、设施、器具进行消毒处理的。

第三十四条 隔离场检疫期间，有下列情形之一的，由检验检疫机构对隔离场使用人处以1万元以下罚款：

（一）隔离场发生动物疫情隐瞒不报的；

（二）存放、使用我国或者输入国家/地区禁止使用的药物或者饲料添加剂的；

（三）拒不接受检验检疫机构监督管理的。

第三十五条 隔离场使用人有下列违法行为之一的，由检验检疫机构按照《进出境动植物检疫法实施条例》第六十二条规定处2万元以上5万元以下的罚款；构成犯罪的，依法追究刑事责任：

（一）引起重大动物疫情的；

（二）伪造、变造动物检疫单证、印章、标志、封识的。

第七章　附　则

第三十六条 我国与进口国家/地区政府主管部门签署的议定书中规定或者进口国家/地区官方要求对出境动物必须实施隔离检疫的，出境动物隔离检疫场使用监督工作按照进口国的要求并参照本办法执行。

第三十七条 本办法由国家质检总局负责解释。

第三十八条 本办法所列各类表格及证书式样另行发布。

第三十九条 本办法自2009年12月10日起施行。

进境动物遗传物质检疫管理办法

国家质量监督检验检疫总局令

第 47 号

《进境动物遗传物质检疫管理办法》已经 2003 年 4 月 3 日国家质量监督检验检疫总局局务会议审议通过，现予公布，自 2003 年 7 月 1 日起施行。

国家质量监督检验检疫总局局长

二〇〇三年五月十四日

第一章 总 则

第一条 为规范进境动物遗传物质的检疫和监督管理，保护我国畜牧业生产安全，根据《中华人民共和国进出境动植物检疫法》及其实施条例等法律法规的规定，制定本办法。

第二条 本办法适用于进境动物遗传物质的检疫和监督管理。

第三条 本办法所称动物遗传物质是指哺乳动物精液、胚胎和卵细胞。

第四条 国家质量监督检验检疫总局（以下简称国家质检总局）统一管理全国进境动物遗传物质的检疫和监督管理工作。

国家质检总局设在各地的出入境检验检疫机构（以下简称检验检疫机构）负责辖区内的进境动物遗传物质的检疫和监督管理。

第五条 国家质检总局对进境动物遗传物质实行风险分析管理。根据风险分析结果，国家质检总局与拟向中国输出动物遗传物质的国家或地区政府有关主管机构签订双边检疫协定（包括协定、协议、议定书、备忘录等）。

第二章　检疫审批

第六条　输入动物遗传物质的，必须事先办理检疫审批手续，取得《中华人民共和国进境动植物检疫许可证》（以下简称《检疫许可证》），并在贸易合同或有关协议中订明我国的检疫要求。

第七条　申请办理动物遗传物质检疫审批的，应当向所在地直属检验检疫局提交下列资料：

（一）《中华人民共和国进境动植物检疫许可证申请表》；

（二）代理进口的，提供与货主签订的代理进口合同或协议复印件。

第八条　直属检验检疫局应当在国家质检总局规定的时间内完成初审。初审合格的，报国家质检总局审核，国家质检总局应当在规定的时间内完成审核。审核合格的，签发《检疫许可证》；审核不合格的，签发《中华人民共和国进境动植物检疫许可证申请未获批准通知单》。

第三章　进境检疫

第九条　输入动物遗传物质前，国家质检总局根据检疫工作的需要，可以派检疫人员赴输出国家或地区进行动物遗传物质产地预检。

第十条　国家质检总局对输出动物遗传物质的国外生产单位实行检疫注册登记，并对注册的国外生产单位定期或不定期派出检疫人员进行考核。

第十一条　输入的动物遗传物质，应当按照《检疫许可证》指定的口岸进境。

第十二条　输入动物遗传物质的货主或其代理人，应当持《检疫许可证》、贸易合同或协议、信用证、发票等有效单证，在动物遗传物质进境前向进境口岸检验检疫机构报检。动物遗传物质进境时，应当向进境口岸检验检疫机构提交输出国家或地区官方检疫机构出具的检疫证书正本。

第十三条 进境动物遗传物质无输出国家或地区官方检疫机构出具的有效检疫证书，或者未办理检疫审批手续的，进境口岸检验检疫机构可以根据具体情况，作退回或销毁处理。

第十四条 输入的动物遗传物质运抵口岸时，检疫人员实施现场检疫：

（一）查验检疫证书是否符合《检疫许可证》以及我国与输出国家或地区签订的双边检疫协定的要求；

（二）核对货、证是否相符；

（三）检查货物的包装、保存状况。

第十五条 现场检疫合格的，进境口岸检验检疫机构予以签发《入境货物通关单》，调往《检疫许可证》指定的地点实施检疫。

第十六条 动物遗传物质需调离进境口岸的，货主或其代理人应当向目的地检验检疫机构申报，并提供本办法第十二条规定的单证复印件和进境口岸检验检疫机构签发的《入境货物通关单》。

第十七条 检验检疫机构按照《检疫许可证》的要求实施检疫。检疫合格的动物遗传物质，由检验检疫机构依法实施检疫监督管理；检疫不合格的，在检验检疫机构的监督下，作退回或者销毁处理。

第四章　检疫监督

第十八条 检验检疫机构对进境动物遗传物质的加工、存放、使用（以下统称使用）实施检疫监督管理；对动物遗传物质的第一代后裔实施备案。

第十九条 进境动物遗传物质的使用单位应当到所在地直属检验检疫局备案。

第二十条 使用单位应当填写《进境动物遗传物质使用单位备案表》（附件1），并提供以下说明材料：

（一）单位法人资格证明文件复印件；

（二）具有熟悉动物遗传物质保存、运输、使用技术的专业人员；

（三）具备进境动物遗传物质的专用存放场所及其他必要的设施；

（四）有关进境动物遗传物质使用的管理制度。

第二十一条 直属检验检疫局将已备案的使用单位，报告国家质检总局。

第二十二条 使用单位应当填写《进境动物遗传物质检疫监管档案》（附件2），接受检验检疫机构监管；每批进境动物遗传物质使用结束，应当将《进境动物遗传物质检疫监管档案》报检验检疫机构备案。

第二十三条 检验检疫机构根据需要，对进境动物遗传物质后裔的健康状况进行监测，有关单位应当予以配合。

第五章 附 则

第二十四条 对违反本办法规定的，检验检疫机构依照有关法律法规的规定予以处罚。

第二十五条 本办法由国家质检总局负责解释。

第二十六条 本办法自二〇〇三年七月一日起施行。

附件1：进境动物遗传物质使用单位备案表（略）

附件2：进境动物遗传物质检疫监管档案（略）

进境水生动物检验检疫监督管理办法

质检总局令第 183 号

第一章 总 则

第一条 为了防止水生动物疫病传入国境，保护渔业生产、人体健康和生态环境，根据《中华人民共和国进出境动植物检疫法》及其实施条例、《中华人民共和国进出口商品检验法》及其实施条例、《中华人民共和国农产品质量安全法》《国务院关于加强食品等产品安全监督管理的特别规定》等法律法规的规定，制定本办法。

第二条 本办法适用于进境水生动物的检验检疫监督管理。

第三条 国家质量监督检验检疫总局（以下简称国家质检总局）主管全国进境水生动物检验检疫和监督管理工作。

国家质检总局设在各地的出入境检验检疫部门（以下简称检验检疫部门）负责所辖地区进境水生动物的检验检疫和监督管理工作。

第四条 国家质检总局和检验检疫部门对进境水生动物在风险分析基础上实施检验检疫风险管理，对进境有关企业实施分类管理和信用管理。

第五条 进境水生动物企业应当按照法律法规和有关标准从事生产经营活动，对社会和公众负责，保证进境水生动物的质量安全，接受社会监督，承担社会责任。

第二章 检疫准入

第六条 国家质检总局对进境水生动物实施检疫准入制度，包括产品风险分析、安全卫生控制体系评估与审查、检验检疫要求确定、境外养殖和包装企业注册登记。

第七条 国家质检总局分类制定、公布进境水生动物的检验检疫要求。根据检验检疫要求，对首次向中国输出水生动物的国家或者地区进行产品风险分析和安全卫生控制体系评估，对曾经或者正在向中国输出水生动物的国家或者地区水生动物安全卫生控制体系进行回顾性审查。

国家质检总局可以派出专家组到输出国家或者地区对其水生动物安全卫生控制体系进行现场审核评估。

第八条 国家质检总局根据风险分析、评估审查结果和检验检疫要求，与向中国输出水生动物的国家或者地区官方主管部门协商签定有关议定书或者确定检验检疫证书。

国家质检总局制定、调整并公布允许进境水生动物种类及输出国家或者地区名单。

第九条 国家质检总局对向中国输出水生动物的养殖和包装企业实施注册登记管理。

向中国输出水生动物的境外养殖和包装企业（以下简称注册登记企业）应当符合输出国家或者地区有关法律法规，输出国家或者地区官方主管部门批准后向国家质检总局推荐。推荐材料应当包括：

（一）企业信息：企业名称、地址、官方主管部门批准编号、养殖、包装能力等；

（二）水生动物信息：养殖和包装的水生动物品种学名、用途等；

（三）监控信息：企业最近一次疫病、有毒有害物质的官方监控结果。

第十条 国家质检总局应当对推荐材料进行审查。审查不合格的，通知输出国家或者地区官方主管部门补正；审查合格的，国家质检总局可以派出专家组对申请注册登记企业进行抽查。对抽查不符合要求的企业不予注册登记；对抽查符合要求的及未被抽查的其他推荐企业，结合水生动物安全卫生控制体系评估结果，决定是否给予注册登记。

国家质检总局定期公布、调整注册登记企业名单。

第十一条 境外养殖和包装企业注册登记有效期为 3 年。

需要延期注册登记的企业，应当在有效期届满前至少 6 个月，由输出国家或者地区主管部门向国家质检总局提出延期申请。国家质检总局可以派出专家组到输出国家或者地区对其安全卫生控制体系进行回顾性审查，并对申请延期的境外养殖和包装企业进行抽查。

对回顾性审查符合要求的国家或者地区，抽查符合要求的及未被抽查的其他申请延期的注册登记企业，注册登记有效期延长 3 年。

第十二条 逾期未提出注册登记延期申请的，国家质检总局注销其注册登记。

第十三条 注册登记企业向中国输出的水生动物检验检疫不合格，情节严重的，国家质检总局可以撤销其注册登记。

第三章　境外检验检疫

第十四条 注册登记企业和相关捕捞区域应当符合输出国家有关法律法规，并处于输出国家或者地区官方主管部门的有效监管之下。

种用、养殖和观赏水生动物的注册登记企业，应当由输出国家或者地区官方主管部门按照世界动物卫生组织推荐的方法和标准，按照输出国家或者地区的规定和双边检验检疫协定规定连续监测两年以上，未发现有关疫病。

食用水生动物的注册登记企业，应当经过输出国家或者地区官方主管部门有关水生动物疫病、有毒有害物质和致病微生物监测，结果符合双边检验检疫协定规定、中国强制性标准或者国家质检总局指定标准的要求。

第十五条　向中国输出水生动物的国家或者地区发生重大水生动物疫病，或者向中国输出水生动物的注册登记企业、捕捞区域发生水生动物不明原因的大规模死亡时，输出国家或者地区官方主管部门应当主动停止向中国出口并向国家质检总局通报相关信息。

第十六条　向中国输出的水生动物精液和受精卵，必须来自健康的亲代种群。种用、养殖和观赏水生动物输出前，应当在输出国家或者地区官方主管部门认可的场所实施隔离检疫。隔离检疫期间，不得与其他水生动物接触。

国家质检总局可以派遣检疫官员赴输出国家或者地区协助开展出口前隔离检疫。

第十七条　向中国输出水生动物的注册登记企业和隔离检疫场所应当具备适当的生物安全防护设施和防疫管理制度，能有效防止其他水域的水生动物入侵，确保输出水生动物的安全卫生。

第十八条　不同养殖场或者捕捞区域的水生动物应当分开包装，不同种类的水生动物应当独立包装，能够满足动物生存和福利需要。包装容器应当是全新的或者经消毒处理，能够防止渗漏，内包装应当透明，便于检查。

第十九条　向中国输出水生动物的包装用水或者冰及铺垫材料应当符合安全卫生要求，不能含有危害动植物和人体健康的病原微生物、有毒有害物质以及可能破坏水体生态环境的水生生物。

第二十条　向中国输出的水生动物在运输前 48 小时内，不得有动物传染病和寄生虫病的临床症状。必要时，应当使用输出国家或者地区官方主管部门批准的有效药物进行消毒和驱虫。

第二十一条　输出国家或者地区官方主管部门应当按照与国家质检总局确认的检验检疫证书格式和内容对向中国输出的水生动物出具检验检疫证书。

第四章　进境检验检疫

第二十二条　进境水生动物应当符合下列要求：

（一）中国法律法规规定和强制性标准要求；

（二）国家质检总局分类制定的检验检疫要求；

（三）双边检验检疫协定确定的相关要求；

（四）双方确认的检验检疫证书规定的相关要求；

（五）进境动植物检疫许可证（以下简称检疫许可证）列明的要求；

（六）国家质检总局规定的其他检验检疫要求。

第二十三条　食用水生动物应当从国家质检总局公布的指定口岸进境。国家质检总局定期考核指定口岸，公布指定口岸名单。

进境食用水生动物指定口岸相关要求由国家质检总局另行制定。

第二十四条　进境水生动物收货人或者其代理人应当按照相关规定办理检疫许可证。

进境水生动物自输出国家或者地区出境后中转第三方国家或者地区进境的，收货人或者其代理人办理检疫许可证时应当详细填写运输路线及在第三方国家或者地区中转处理情况，包括是否离开海关监管区、更换运输工具、拆换包装以及进入第三方国家或者地区水体环境等。

进境种用、养殖和观赏水生动物收货人或者其代理人，应当在指定隔离场所在地检验检疫部门办理检疫许可证，办理前应当按照

《进境动物隔离检疫场使用监督管理办法》的规定取得隔离场使用证；进境食用水生动物的，应当在进境口岸检验检疫部门办理检疫许可证。

第二十五条 水生动物进境前或者进境时，收货人或者其代理人应当持检疫许可证、输出国家或者地区官方主管部门出具的检验检疫证书正本、贸易合同、提单、装箱单、发票等单证向进境口岸检验检疫部门报检。

检疫许可证上的申请单位、国外官方主管部门出具的检验检疫证书上的收货人和货运提单上的收货人应当一致。

第二十六条 检验检疫部门对收货人或者其代理人提交的相关单证进行审核，符合要求的受理报检，并按照有关规定对检疫许可证批准的数量进行核销。

第二十七条 进境口岸检验检疫部门按照下列规定对进境水生动物实施现场查验：

（一）开箱查验比例：进境种用、养殖和观赏水生动物，低于 10 件的全部开箱，10 件以上的每增加 10 件，开箱数增加 2 件，最高不超过 20 件；进境食用水生动物，开箱比例不高于 10%，最低不少于 3 件。发现问题的，适当增加开箱查验比例。

国家质检总局有分类管理规定的，按照有关规定开箱查验；

（二）核对货证：品名、数（重）量、包装、输出日期、运输工具信息、输出国家或者地区、中转国家或者地区等是否相符；

（三）包装和标签检查：包装容器是否完好；包装容器上是否有牢固、清晰易辨的中文或者英文标识，标明水生动物的品名、学名、产地、养殖或者包装企业批准编号等内容。活鱼运输船、活鱼集装箱等难以加贴标签的除外；

（四）临床检查：水生动物的健康状况，主要包括游动是否异常，体表有无溃疡、出血、囊肿及寄生虫感染，体色是否异常，鱼类腹部有无肿胀、肛门有无红肿，贝类闭壳肌收缩有无异常，甲壳类体表和头胸甲是否有黑斑或者白斑、鳃部发黑等；

（五）包装用水或者冰、铺垫材料：是否带有土壤及危害动植物和人体健康的有害生物等法律法规规定的禁止进境物。

第二十八条 检验检疫部门应当按照有关规定对装载进境水生动物的外包装、运输工具和装卸场地进行防疫消毒处理。

第二十九条 现场查验发现有下列情形的，检验检疫部门按照有关规定进行处理：

（一）发现内包装容器损坏并有装载水洒漏的，要求货主或者其代理人对包装容器进行整理、更换包装或者对破损包装内的水生动物作销毁处理，并对现场及包装容器等进行消毒；

（二）现场需要开拆包装加水或者换水的，所用水必须达到中国规定的渔业水质标准，并经消毒处理，对废弃的原包装、包装用水或者冰及铺垫材料，按照有关规定实施消毒处理；

（三）对发现的禁止进境物进行销毁处理；

（四）临床检查发现异常时可以抽样送实验室进行检测；

（五）对已经死亡的水生动物，监督货主或者其代理人作无害化处理。

第三十条 受理报检或者现场查验发现有下列情形之一的，检验检疫部门签发《检验检疫处理通知书》，由收货人或其代理人在检验检疫部门的监督下，作退回或者销毁处理：

（一）未被列入允许进境水生动物种类及输出国家或者地区名单的；

（二）无有效检疫许可证的；

（三）无输出国家或者地区官方主管部门出具的有效检验检疫证书的；

（四）检疫许可证上的申请单位、检验检疫证书上的收货人和货运提单上的收货人不一致的；实际运输路线与检疫许可证不一致的；

（五）来自未经注册登记企业的；

（六）货证不符的，包括品种不符、进境水生动物数（重）量超过检验检疫证书载明数（重）量、谎报用途、无标签、标签内容不全或者与检验检疫证书载明内容不符的；

（七）临床检查发现异常死亡且出现水生动物疫病临床症状的；

（八）临床检查发现死亡率超过50%的。

第三十一条 进境食用水生动物的，进境口岸检验检疫部门按照有关标准、监控计划和警示通报等要求对其实施采样，对下列项目进行检验或者监测：

（一）水生动物疫病病原、食源性致病微生物、寄生虫；

（二）贝类毒素等生物毒素；

（三）重金属、农兽药残留；

（四）其他要求的项目。

第三十二条 进境食用水生动物，经检验检疫部门现场查验合格后予以放行；查验不合格的，作退回或者销毁处理。监控计划和警示通报有要求的，按照要求实施抽样检测。

第三十三条 实验室检测不合格的，进境食用水生动物收货人或其代理人应当主动召回不合格食用水生动物并采取有效措施进行处理。

第三十四条 根据风险监控不合格发生频次和危害程度，经风险评估，对国家质检总局采取扣留检测措施的进境食用水生动物，收货人或者其代理人应当将进境食用水生动物调运至检验检疫部门指定扣检暂存场所，实验室检测合格后方可放行。实验室检测不合格的，作退回或者销毁处理。

第三十五条 进境种用、养殖和观赏水生动物应当在指定隔离场进行至少 14 天的隔离检疫。现场查验合格后，由进境口岸检验检疫部门出具《入境货物调离通知单》，运抵指定隔离场所在地后，收货人或其代理人应当向检验检疫部门申报。指定隔离场所在地检验检疫部门应当核对货证，并实施以下检验检疫措施：

（一）对已经死亡的水生动物作无害化处理；

（二）对原包装、装载用水或者冰和铺垫材料作消毒处理；

（三）隔离检疫期间，检验检疫部门按照年度水生动物疫病监测计划、检疫许可证要求和其他有关规定抽样，实施水生动物疫病检测。

隔离检疫合格的，签发《入境货物检验检疫证明》，予以放行；不合格的，签发《检验检疫处理通知书》，对同一隔离设施内全部水生动物实行扑杀或者销毁处理，并对隔离场所进行消毒。

第五章　过境和中转检验检疫

第三十六条　运输水生动物过境的，承运人或者押运人应当按照规定办理检疫审批手续，并持货运单、检疫许可证和输出国家或者地区官方主管部门出具的证书，向进境口岸检验检疫部门报检。

第三十七条　装载过境水生动物的包装容器应当完好，无散漏。经进境口岸检验检疫部门检查，发现包装容器在运输过程中可能存在散漏的，承运人或者押运人应当按照检验检疫部门的要求进行整改。无法有效整改的，不准过境。

第三十八条　经香港或者澳门中转运输到内地的，发货人或者其代理人应当向国家质检总局指定的检验机构申请中转检验。未经中转检验或者中转检验不合格的，不得转运内地。

经第三方国家或者地区中转的，须由第三方国家或者地区官方主管部门按照国家质检总局有关要求出具中转证明文件，无有效中转证明文件的，不得进境。

第六章 监督管理

第三十九条 国家质检总局对进境水生动物实施安全风险监控和疫病监测，制定进境水生动物年度安全风险监控计划和水生动物疫病监测计划，编制年度工作报告。

直属检验检疫局结合本地实际情况制定实施方案并组织实施。

第四十条 检验检疫部门应当按照有关规定将进境水生动物检验检疫不合格信息上报国家质检总局，国家质检总局应当向输出国家或者地区官方主管部门通报不合格信息。

第四十一条 国家质检总局根据进境水生动物检验检疫不合格情况、国内外相关官方主管部门或者组织通报的风险信息以及国内外市场发现的问题等，在风险分析的基础上按照有关规定发布警示通报，采取提高监控比例、扣留检测直至暂停进口等风险控制措施。

第四十二条 检验检疫部门按照《出入境检验检疫企业信用管理办法》的规定对进境水生动物收货人实施信用管理。

第四十三条 检验检疫部门对进境食用水生动物收货人实施备案管理。

第四十四条 进境食用水生动物收货人应当建立进境水生动物经营档案，记录进境水生动物的报检号、品名、数/重量、输出国家或者地区、境外注册养殖和包装企业及注册号、进境水生动物流向等信息，经营档案保存期限不得少于2年。

第四十五条 检验检疫部门对进境食用水生动物收货人的经营档案进行定期审核，审核不合格的，责令整改。

第四十六条 进境种用、养殖和观赏水生动物收货人应当按照《进境动物隔离检疫场使用监督管理办法》的规定做好进境水生动物隔离期间的养殖和防疫工作，并保存相关记录。检验检疫部门按照有关规定对指定隔离场进行监督管理。

第四十七条　进境水生动物存在安全卫生问题的，收货人应当主动采取召回、销毁等控制措施并立即向检验检疫部门报告，同时报告地方政府主管部门。收货人拒不履行召回义务的，检验检疫部门可以责令收货人召回。

第七章　法律责任

第四十八条　有下列情形之一的，由检验检疫部门按照《中华人民共和国进出境动植物检疫法实施条例》的规定处 5000 元以下的罚款：

（一）未报检或者未依法办理检疫审批手续或者未按检疫审批的规定执行的；

（二）报检的进境水生动物与实际不符的。

有前款第（二）项所列行为，已取得检疫单证的，予以吊销。

第四十九条　有下列情形之一的，由检验检疫部门按照《中华人民共和国进出境动植物检疫法实施条例》的规定处 3000 元以上 3 万元以下罚款：

（一）未经检验检疫部门许可擅自将进境、过境水生动物卸离运输工具或者运递的；

（二）擅自调离或者处理在检验检疫部门指定的隔离场所中隔离检疫的进境水生动物的；

（三）擅自开拆过境水生动物的包装，或者擅自开拆、损毁检验检疫封识或者标志的；

（四）擅自抛弃过境水生动物的尸体、铺垫材料或者其他废弃物，或者未按规定处理包装用水的。

第五十条　有下列情形之一的，依法追究刑事责任；尚不构成犯罪或者犯罪情节显著轻微依法不需要判处刑罚的，由检验检疫部门按照《中华人民共和国进出境动植物检疫法实施条例》的规定处 2 万元以上 5 万元以下的罚款：

（一）引起重大动物疫情的；

（二）伪造、变造检疫单证、印章、标志、封识的。

第五十一条 有下列情形之一的，由检验检疫部门按照《国务院关于加强食品等产品安全监督管理的特别规定》予以处罚：

（一）明知有安全隐患，隐瞒不报，拒不履行事故报告义务继续进口的；

（二）拒不履行产品召回义务的。

第五十二条 有下列情形之一的，由检验检疫部门处 3 万元以下罚款：

（一）使用伪造、变造的检疫单证、印章、标志、封识的；

（二）使用伪造、变造的输出国家或者地区官方主管部门检疫证明文件的；

（三）使用伪造、变造的其他相关证明文件的；

（四）未建立经营档案或者未按照规定记录、保存经营档案的；

（五）擅自调离或者处理在检验检疫部门指定场所中扣留的进境食用水生动物的；

（六）拒不接受检验检疫部门监督管理的。

第五十三条 进境水生动物收货人或者其代理人、检验检疫部门及其工作人员有其他违法行为的，按照相关法律法规的规定处理。

第八章　附　则

第五十四条 本办法中下列用语的含义是：

水生动物：指人工养殖或者天然水域捕捞的活的鱼类、软体类、甲壳类、水母类、棘皮类、头索类、两栖类动物，包括其繁殖用的精液、受精卵。

养殖场：指水生动物的孵化、育苗、养殖场所。

包装场：指水生动物出境前短期集中、存放、分类、加工整理、包装的场所。

输出国家或者地区：指对进境水生动物出具官方检验检疫证书的官方主管部门所属的国家或者地区。

中转：指因运输原因，水生动物自输出国家或者地区出境后须途经第三方国家或者地区，在第三方国家或者地区期间货物离开海关监管区等特殊监管区域并变换运输工具后运输到中国内地的运输方式。

包装用水：指与水生动物直接接触的水，不包括密封的、用于调节温度的冰块或者水袋。

扣留检测：指进境食用水生动物因存在安全卫生隐患，进境口岸查验合格后调运至检验检疫部门指定暂存场所，待抽样检测合格后允许放行的检验检疫措施。

第五十五条 进境龟、鳖、蛇、鳄鱼等爬行类动物的检验检疫和监督管理参照本办法执行。

第五十六条 边境贸易进境水生动物检验检疫和监督管理参照本办法执行。

第五十七条 本办法由国家质检总局负责解释。

第五十八条 本办法自2016年9月1日起施行。国家质检总局2003年11月1日实施的《进境水生动物检验检疫管理办法》（国家质检总局令第44号）同时废止。

进出境非食用动物产品检验检疫监督管理办法

国家质量监督检验检疫总局令

第 159 号

《进出境非食用动物产品检验检疫监督管理办法》已经 2014 年 4 月 8 日国家质量监督检验检疫总局局务会议审议通过，现予公布，自 2015 年 2 月 1 日起施行。

国家质量监督检验检疫总局局长

2014 年 11 月 13 日

第一章 总 则

第一条 为了规范进出境非食用动物产品的检验检疫和监督管理工作，防止动物传染病、寄生虫病及其他有害生物传入传出国境，保护农、林、牧、渔业生产和人体健康，根据《中华人民共和国进出境动植物检疫法》及其实施条例、《中华人民共和国进出口商品检验法》及其实施条例等法律法规规定，制定本办法。

第二条 本办法适用于进境、出境及过境非食用动物产品的检验检疫监督管理。

动物源性饲料和饲料添加剂、动物遗传物质、动物源性生物材料及制品不适用本办法。

第三条 国家质量监督检验检疫总局（以下简称国家质检总局）主管全国进出境非食用动物产品的检验检疫和监督管理工作。

国家质检总局设在各地的出入境检验检疫部门（以下简称检验检疫部门）负责所辖地区进出境非食用动物产品的检验检疫和监督

管理工作。

第四条 进出境非食用动物产品生产、加工、存放和贸易企业应当依照法律法规和有关标准从事生产经营活动，对社会和公众负责，保证进出境非食用动物产品的质量安全，接受社会监督，承担社会责任。

第二章 风险管理

第五条 国家质检总局对进出境非食用动物产品实施风险管理，在风险分析的基础上，实施产品风险分级、企业分类、检疫准入、风险警示及其他风险管理措施。

第六条 国家质检总局根据进出境非食用动物产品动物卫生和公共卫生风险，确定产品风险级别。产品风险级别及检疫监督模式在国家质检总局网站公布。

第七条 检验检疫部门根据企业诚信程度、质量安全控制能力等，对进出境非食用动物产品生产、加工、存放企业实施分类管理，采取相应检验检疫监管措施。

第八条 国家质检总局根据进出境非食用动物产品质量安全形势、检验检疫中发现的问题、国内外相关组织机构的通报以及国内外发生的动物卫生和公共卫生问题，在风险分析的基础上发布风险警示信息并决定采取启动应急处置预案、限制进出境和暂停进出境等风险管理措施。

第三章 进境检验检疫

第一节 检疫准入

第九条 国家质检总局对进境非食用动物产品实施检疫准入制度，包括产品风险分析、监管体系评估与审查、确定检验检疫要求、境外生产企业注册登记等。

第十条　国家质检总局对首次向中国输出非食用动物产品的国家或者地区进行产品风险分析、监管体系评估，对曾经或者正在向中国输出非食用动物产品的国家或者地区的监管体系进行回顾性审查。

根据风险分析、评估审查结果，国家质检总局与输出国家或者地区主管部门协商确定向中国输出非食用动物产品的检验检疫要求，并商签有关双边协定或者确定检验检疫证书。

国家质检总局负责制定、调整并在国家质检总局网站公布允许进境非食用动物产品的国家或者地区名单以及产品种类。

第十一条　国家质检总局对向中国输出非食用动物产品的境外生产、加工、存放企业（以下简称境外生产加工企业）实施注册登记制度。

需要实施境外生产加工企业注册登记的非食用动物产品名录由国家质检总局制定、调整并公布。

第二节　境外生产加工企业注册登记

第十二条　向中国输出非食用动物产品的境外生产加工企业应当符合输出国家或者地区法律法规和标准的相关要求，并达到中国有关法律法规和强制性标准的要求。

第十三条　实施注册登记管理的非食用动物产品境外生产加工企业，经输出国家或者地区主管部门审查合格后向国家质检总局推荐。

国家质检总局收到推荐材料并经书面审查合格后，必要时经与输出国家或者地区主管部门协商，派出专家到输出国家或者地区对其监管体系进行评估或者回顾性审查，对申请注册登记的境外生产加工企业进行检查。

符合要求的国家或者地区的境外生产加工企业，经检查合格的予以注册登记。

第十四条 境外生产加工企业注册登记有效期为 5 年。

需要延期的境外生产加工企业，由输出国家或者地区主管部门在有效期届满 6 个月前向国家质检总局提出延期申请。国家质检总局可以派出专家到输出国家或者地区对其监管体系进行回顾性审查，并对申请延期的境外生产加工企业进行抽查。

对回顾性审查符合要求的国家或者地区，抽查符合要求的及未被抽查的其他申请延期的境外生产加工企业，注册登记有效期延长 5 年。

第十五条 注册登记的境外生产加工企业不再向中国输出非食用动物产品的，输出国家或者地区主管部门应当通报国家质检总局，国家质检总局注销其注册登记。

第十六条 注册登记的境外生产加工企业向中国输出的非食用动物产品经检验检疫不合格，情节严重的，国家质检总局可以撤销其注册登记。

第三节 检验检疫

第十七条 进境非食用动物产品应当符合下列要求：

（一）双边协议、议定书、备忘录以及其他双边协定确定的相关要求；

（二）双方确认的检验检疫证书规定的相关要求；

（三）中国法律法规规定和强制性标准要求；

（四）进境动植物检疫许可证（以下简称检疫许可证）列明的要求；

（五）国家质检总局规定的其他检验检疫要求。

第十八条 进境非食用动物产品需要办理检疫许可证的，货主或者其代理人应当按照相关规定办理。

产品风险级别较高的非食用动物产品，因口岸条件限制等原因，进境后应当运往指定的存放、加工场所（以下简称指定企业）检疫的，办理检疫许可证时，货主或者其代理人应当明确指定企业并提供相应证明文件。

第十九条 货主或者其代理人应当在非食用动物产品进境前或者进境时向进境口岸检验检疫部门报检，报检时应当提供原产地证书、贸易合同、发票、提单、输出国家或者地区主管部门出具的检验检疫证书等单证，须办理检疫审批的应当提供检疫许可证。

第二十条 进境口岸检验检疫部门对货主或者其代理人报检时所提供的单证进行审核，并对检疫许可证的批准数（重）量进行核销。

对有证书要求的产品，如无有效检疫许可证或者输出国家或者地区主管部门出具的有效检验检疫证书的，作退回或者销毁处理。

第二十一条 进境非食用动物产品，由进境口岸检验检疫部门实施检验检疫。

因口岸条件限制等原因，进境后应当运往指定企业检疫的非食用动物产品，由进境口岸检验检疫部门实施现场查验和相应防疫消毒处理后，通知指定企业所在地检验检疫部门。货主或者其代理人将非食用动物产品运往检疫许可证列明的指定企业后，应当向指定企业所在地检验检疫部门申报，由指定企业所在地检验检疫部门实施检验检疫，并对存放、加工过程实施检疫监督。

第二十二条 检验检疫部门按照以下要求对进境非食用动物产品实施现场查验：

（一）查询启运时间、港口、途经国家或者地区、装载清单等，核对单证是否真实有效，单证与货物的名称、数（重）量、输出国家或者地区、包装、唛头、标记等是否相符；

（二）包装、容器是否完好，是否带有动植物性包装、铺垫材料并符合我国相关规定；

（三）有无腐败变质现象，有无携带有害生物、动物排泄物或者其他动物组织等；

（四）有无携带动物尸体、土壤及其他禁止进境物。

第二十三条 现场查验时，检验检疫部门应当对运输工具有关部位、装载非食用动物产品的容器、包装外表、铺垫材料、污染场地等进行防疫消毒处理。

第二十四条 现场查验有下列情形之一的，检验检疫部门签发《检验检疫处理通知书》，并作相应检疫处理：

（一）属于法律法规禁止进境的、带有禁止进境物的、货证不符的、发现严重腐败变质的作退回或者销毁处理；

（二）对散包、容器破裂的，由货主或者其代理人负责整理完好，方可卸离运输工具。检验检疫部门对受污染的场地、物品、器具进行消毒处理；

（三）带有检疫性有害生物、动物排泄物或者其他动物组织等的，按照有关规定进行检疫处理。不能有效处理的，作退回或者销毁处理；

（四）对疑似受病原体和其它有毒有害物质污染的，封存有关货物并采样进行实验室检测，对有关污染现场进行消毒处理。

第二十五条 转关的非食用动物产品，应当在进境前或者进境时由货主或者其代理人向进境口岸检验检疫部门申报，根据产品的不同要求提供有效检疫许可证和输出国家或者地区主管部门出具的检验检疫证书等单证。

进境口岸检验检疫部门对提供的单证进行书面审核。审核不合格的，作退回或者销毁处理。审核合格的，依据有关规定对装载非食用动物产品的集装箱体表、运输工具实施防疫消毒处理。货物到达结关地后，货主或者其代理人应当向结关地检验检疫部门报检。结关地检验检疫部门对货物实施检验检疫和检疫监督。

第二十六条 检验检疫部门按照国家质检总局对非食用动物产品的检验检疫要求抽取样品，出具《抽/采样凭证》，送实验室进行有关项目的检测。

第二十七条 进境非食用动物产品经检验检疫合格，检验检疫部门签发《进境货物检验检疫证明》后，方可销售、使用或者在指定企业加工。

经检验检疫不合格的，检验检疫部门签发《检验检疫处理通知书》，由货主或者其代理人在检验检疫部门的监督下，作除害、退回或者销毁处理，经除害处理合格的准予进境。需要对外索赔的，由检验检疫部门出具相关证书。

检验检疫部门应当将进境非食用动物产品检验检疫不合格信息上报国家质检总局。

第二十八条 未经检验检疫部门同意，不得将进境非食用动物产品卸离运输工具或者运递。

第二十九条 进境非食用动物产品在从进境运输工具上卸离及运递过程中，货主或者其代理人应当采取措施，防止货物的容器、包装破损而造成渗漏、散落。

第三十条 运往指定企业检疫的非食用动物产品，应当在检疫许可证列明的指定企业存放、加工。因特殊原因，需要变更指定企业的，货主或者其代理人应当办理检疫许可证变更，并向变更后的指定企业所在地检验检疫部门申报，接受检验检疫和检疫监督。

第三十一条 经香港或者澳门转运的目的地为内地的进境非食用动物产品，在香港或者澳门卸离原运输工具并经港澳陆路、水路运输到内地的，发货人应当向国家质检总局指定的检验机构申请中转检验。未经检验或者检验不合格的，不得转运内地。

指定的检验机构应当按照国家质检总局的要求开展中转检验，合格后加施封识并出具中转检验证书，进境口岸检验检疫部门受理报检时应当同时核查中转检验证书和其它有关检验检疫单证。

第四节 监督管理

第三十二条 国家质检总局和检验检疫部门对进境非食用动物产品存放、加工过程，实施检疫监督制度。

第三十三条 拟从事产品风险级别较高的进境非食用动物产品存放、加工业务的企业可以向所在地直属检验检疫局提出指定申请。

直属检验检疫局按照国家质检总局制定的有关要求，对申请企业的申请材料、工艺流程、兽医卫生防疫制度等进行检查评审，核定存放、加工非食用动物产品种类、能力。

第三十四条 指定企业应当符合动物检疫和兽医防疫的规定，遵守下列要求：

（一）按照规定的兽医卫生防疫制度开展防疫工作；

（二）按照规定的工艺加工、使用进境非食用动物产品；

（三）按照规定的方法对废弃物进行处理；

（四）建立并维护企业档案，包括出入库、生产加工、防疫消毒、废弃物处理等记录，档案至少保留2年；

（五）如实填写《进境非食用动物产品生产、加工、存放指定企业监管手册》；

（六）涉及安全卫生的其他规定。

第三十五条 检验检疫部门按照本办法第三十四条的规定对指定企业实施日常监督管理。

指定企业应当按照要求向所在地直属检验检疫局提交年度报

告，确保其符合国家质检总局制定的有关要求。

第三十六条 检验检疫部门应当建立指定企业、收货人及其代理人诚信档案，建立良好记录企业名单和不良记录企业名单。

第三十七条 指定企业、收货人及其代理人发现重大动物疫情或者公共卫生问题时，应当立即向所在地检验检疫部门报告，检验检疫部门应当按照有关规定处理并上报。

第三十八条 指定企业名称、地址、法定代表人、进境非食用动物产品种类、存放、生产加工能力、加工工艺以及其他兽医卫生、防疫条件发生变化的，应当及时向所在地直属检验检疫局报告并办理变更手续。

第三十九条 检验检疫部门发现指定企业出现以下情况的，取消指定：

（一）企业依法终止的；

（二）不符合本办法第三十四条规定，拒绝整改或者未整改合格的；

（三）未提交年度报告的；

（四）连续两年未从事进境非食用动物产品存放、加工业务的；

（五）未按照本办法第三十八条规定办理变更手续的；

（六）法律法规规定的应当取消指定的其他情形。

第四十条 直属检验检疫局应当在完成存放、加工企业指定、变更后 30 日内，将相关信息上报国家质检总局备案。

第四章　出境检验检疫

第一节　出境生产加工企业注册登记

第四十一条 输入国家或者地区要求中国对向其输出非食用动物产品生产、加工、存放企业（以下简称出境生产加工企业）注册登记的，国家质检总局对出境生产加工企业实行注册登记。

第四十二条 申请注册登记的出境生产加工企业应当符合进境国家或者地区的法律法规有关规定，并遵守下列要求：

（一）建立并维持进境国家或者地区有关法律法规规定的注册登记要求；

（二）按照建立的兽医卫生防疫制度组织生产；

（三）按照建立的合格原料供应商评价制度组织生产；

（四）建立并维护企业档案，确保原料、产品可追溯；

（五）如实填写《出境非食用动物产品生产、加工、存放注册登记企业监管手册》；

（六）符合中国其他法律法规规定的要求。

第四十三条 出境生产加工企业应当向所在地直属检验检疫局申请注册登记。申请注册登记时，应当提交下列材料（一式三份）：

（一）《出境非食用动物产品生产、加工、存放企业检验检疫注册登记申请表》；

（二）工商营业执照（复印件）；

（三）组织机构代码证书（复印件）；

（四）涉及环保要求的，须提供县级或者县级以上环保部门出具的环保合格证明；

（五）兽医卫生防疫制度；

（六）厂区平面图及图片资料，包括大门、厂区、库区全景照片，有关生产加工设施、仓储设施、防疫消毒处理设施、废弃物、包装物及污水处理设施的照片等；

（七）工艺流程图，包括生产、加工的温度、使用化学试剂的种类、浓度和 pH 值、处理的时间和使用的有关设备等情况；

（八）中国其他法律法规规定的有关合格证明文件。

第四十四条 直属检验检疫局对申请人提出的申请，应当根据

下列情况分别作出处理:

（一）申请事项依法不需要取得行政许可的，应当即时告知申请人；

（二）申请事项依法不属于本行政机关职权范围的，应当即时作出不予受理的决定，并告知申请人向有关行政机关申请；

（三）申请材料存在可以当场更正的错误的，应当允许申请人当场更正；

（四）申请材料不齐全或者不符合法定形式的，应当当场或者在5个工作日内一次告知申请人需要补正的全部内容，逾期不告知的，自收到申请材料之日起即为受理；

（五）申请材料齐全、符合法定形式或者申请人按照要求提交全部补正申请材料的，应当受理申请。

直属检验检疫局受理或者不予受理申请，应当出具加盖本行政机关专用印章和注明日期的书面凭证。

第四十五条　直属检验检疫局应当在受理申请后10个工作日内组成评审组，对申请注册登记的出境生产加工企业进行现场评审。

第四十六条　评审组应当在现场评审结束后及时向直属检验检疫局提交评审报告。

评审所需时间应当书面告知申请人。

第四十七条　直属检验检疫局收到评审报告后，应当在10个工作日内分别作出下列决定:

（一）经评审合格的，予以注册登记，颁发《出境非食用动物产品生产、加工、存放企业检验检疫注册登记证》（以下简称《注册登记证》），自做出注册登记决定之日起10个工作日内，送达申请人；

（二）经评审不合格的，出具《出境非食用动物产品生产、加工、存放企业检验检疫注册登记未获批准通知书》。

第四十八条 直属检验检疫局应当将准予注册登记企业名单上报国家质检总局。国家质检总局组织进行抽查评估，统一向进境国家或者地区主管部门推荐并办理有关手续。

第四十九条 《注册登记证》自颁发之日起生效，有效期5年。

第五十条 注册登记的出境生产加工企业变更企业名称、法定代表人、产品种类、存放、生产加工能力等的，应当在变更后30日内向准予注册登记的直属检验检疫局提出书面申请，填写《出境非食用动物产品生产、加工、存放企业检验检疫注册登记申请表》，并提交与变更内容相关的资料（一式三份）。

变更企业名称、法定代表人的，由直属检验检疫局审核有关资料后，直接办理变更手续。

变更产品种类或者生产能力的，由直属检验检疫局审核有关资料并组织现场评审，评审合格后，办理变更手续。

企业迁址的，应当重新向直属检验检疫局申请办理注册登记手续。

第五十一条 获得注册登记的出境生产加工企业需要延续注册登记有效期的，应当在有效期届满3个月前按照本办法规定提出申请。

第五十二条 检验检疫部门对注册登记的出境生产加工企业实施年审，年审合格的在《注册登记证》（副本）上加注年审合格记录。

第五十三条 注册登记的出境生产加工企业发生下列情况之一，准予注册登记所依据的客观情况发生重大变化，达不到注册登记条件要求的，由直属检验检疫局撤回其注册登记：

（一）注册登记内容发生变更，未办理变更手续的；

（二）年审不合格的；

（三）所依据的客观情况发生其他重大变化的。

第五十四条 有下列情形之一的，直属检验检疫局根据利害关系人的请求或者依据职权，可以撤销其注册登记：

（一）直属检验检疫局工作人员滥用职权、玩忽职守作出准予注册登记的；

（二）超越法定职权作出准予注册登记的；

（三）违反法定程序作出准予注册登记的；

（四）对不具备申请资格或者不符合法定条件的出境生产加工企业准予注册登记的；

（五）依法可以撤销注册登记的其他情形。

出境生产加工企业以欺骗、贿赂等不正当手段取得注册登记的，应当予以撤销。

第五十五条 出境生产加工企业有下列情形之一的，直属检验检疫局应当依法办理注册登记的注销手续：

（一）注册登记有效期届满未申请延续的；

（二）出境生产加工企业依法终止的；

（三）出境生产加工企业因停产、转产、倒闭等原因不再从事出境非食用动物产品生产、加工或者存放业务的；

（四）注册登记依法被撤销、撤回或者吊销的；

（五）因不可抗力导致注册登记事项无法实施的；

（六）法律、法规规定的应当注销注册登记的其他情形。

第二节 检验检疫

第五十六条 检验检疫部门按照下列要求对出境非食用动物产品实施检验检疫：

（一）双边协议、议定书、备忘录和其他双边协定；

（二）输入国家或者地区检验检疫要求；

（三）中国法律法规、强制性标准和国家质检总局规定的检验检疫要求；

（四）贸易合同或者信用证注明的检疫要求。

第五十七条 非食用动物产品出境前，货主或者其代理人应当向产地检验检疫部门报检，并提供贸易合同/信用证、《注册登记证》（复印件）、自检自控合格证明等相关单证。检验检疫部门对所提供的单证进行审核，符合要求的受理报检。

第五十八条 受理报检后，检验检疫部门按照下列规定实施现场检验检疫：

（一）核对货证：核对单证与货物的名称、数（重）量、生产日期、批号、包装、唛头、出境生产企业名称或者注册登记号等是否相符；

（二）抽样：根据相应标准、输入国家或者地区的要求进行抽样，出具《抽/采样凭证》；

（三）感官检查：包装、容器是否完好，外观、色泽、组织状态、黏度、气味、异物、异色及其它相关项目。

第五十九条 检验检疫部门对需要进行实验室检验检疫的产品，按照相关规定，抽样送实验室检测。

第六十条 经检验检疫合格的，检验检疫部门出具《出境货物通关单》或者《出境货物换证凭单》、检验检疫证书等相关证书。检验检疫不合格的，经有效方法处理并重新检验检疫合格的，可以按照规定出具相关单证，准予出境；无有效方法处理或者虽经处理重新检验检疫仍不合格的，不予出境，并出具《出境货物不合格通知单》。

第六十一条 出境口岸检验检疫部门按照出境货物换证查验的相关规定查验，重点核查货证是否相符。查验合格的，凭产地检验检疫部门出具的《出境货物换证凭单》或者电子转单换发《出境货物通关单》；查验不合格的，不予放行。

第六十二条 产地检验检疫部门与出境口岸检验检疫部门应当及时交流信息。

在检验检疫过程中发现重大安全卫生问题，应当采取相应措施，并及时上报国家质检总局。

第三节　监督管理

第六十三条 取得注册登记的出境生产加工企业应当遵守下列规定：

（一）有效运行自检自控体系；

（二）按照输入国家或者地区的标准或者合同要求生产出境产品；

（三）按照检验检疫部门认可的兽医卫生防疫制度开展卫生防疫工作；

（四）企业档案维护，包括出入库、生产加工、防疫消毒、废弃物检疫处理等记录，记录档案至少保留2年；

（五）如实填写《出境非食用动物产品生产、加工、存放注册登记企业监管手册》。

第六十四条 检验检疫部门对辖区内注册登记的出境生产加工企业实施日常监督管理，内容包括：

（一）兽医卫生防疫制度的执行情况；

（二）自检自控体系运行，包括原辅料、成品自检自控情况、生产加工过程控制、原料及成品出入库及生产、加工的记录等；

（三）涉及安全卫生的其他有关内容；

（四）《出境非食用动物产品生产、加工、存放注册登记企业监管手册》填写情况。

第六十五条 检验检疫部门应当建立注册登记的出境生产加工企业诚信档案,建立良好记录企业名单和不良记录企业名单。

第六十六条 出境非食用动物产品被检出疫病、有毒有害物质超标或者其他安全卫生问题的,检验检疫部门核实有关情况后,实施加严检验检疫监管措施。

第六十七条 注册登记的出境生产加工企业发现相关产品可能受到污染并影响非食用动物产品安全,或者其出境产品在国外涉嫌引发非食用动物产品安全事件时,应当在 24 小时内报告所在地检验检疫部门,同时采取控制措施,防止不合格产品继续出厂。检验检疫部门接到报告后,应当于 24 小时内逐级上报至国家质检总局。

第五章 过境检验检疫

第六十八条 运输非食用动物产品过境的,承运人或者押运人应当持货运单和输出国家或者地区主管部门出具的证书,并书面提交过境运输路线,向进境口岸检验检疫部门报检。

第六十九条 装载过境非食用动物产品的运输工具和包装物、装载容器应当完好。经进境口岸检验检疫部门检查,发现过境非食用动物产品存在途中散漏隐患的,承运人或者押运人应当按照口岸检验检疫部门的要求,采取密封措施;无法采取密封措施的,不准过境。

第七十条 过境非食用动物产品的输出国家或者地区未被列入本办法第十条规定的名单的,应当获得国家质检总局的批准方可过境。

第七十一条 过境的非食用动物产品,由进境口岸检验检疫部门查验单证,加施封识后放行,同时通知出境口岸检验检疫部门。到达出境口岸后,由出境口岸检验检疫部门确认原货柜、原包装、原封识完好后,允许出境。

第六章 法律责任

第七十二条 违反本办法规定，擅自销售、使用未报检或者未经检验的属于法定检验的进境非食用动物产品的，由检验检疫部门按照《中华人民共和国进出口商品检验法实施条例》第四十三条的规定没收违法所得，并处非食用动物产品货值金额5%以上20%以下罚款；构成犯罪的，依法追究刑事责任。

第七十三条 违反本办法规定，擅自出口未报检或者未经检验的属于法定检验的出境非食用动物产品的，由检验检疫部门按照《中华人民共和国进出口商品检验法实施条例》第四十四条的规定没收违法所得，并处非食用动物产品货值金额5%以上20%以下罚款；构成犯罪的，依法追究刑事责任。

第七十四条 销售、使用经法定检验、抽查检验不合格的进境非食用动物产品，或者出口经法定检验、抽查检验不合格的非食用动物产品的，由检验检疫部门按照《中华人民共和国进出口商品检验法实施条例》第四十五条的规定责令停止销售、使用或者出口，没收违法所得和违法销售、使用或者出口的非食用动物产品，并处没收销售、使用或者出口的非食用动物产品货值金额等值以上3倍以下罚款；构成犯罪的，依法追究刑事责任。

第七十五条 进出境非食用动物产品的收货人、发货人、代理报检企业或者报检人员不如实提供属于法定检验的进出境非食用动物产品的真实情况，取得检验检疫部门的有关证单，或者对法定检验的进出境非食用动物产品不予报检，逃避进出口商品检验的，由检验检疫部门按照《中华人民共和国进出口商品检验法实施条例》第四十六条第一款的规定没收违法所得，并处非食用动物产品货值金额5%以上20%以下罚款。

进出境非食用动物产品的收货人或者发货人委托代理报检企业

办理报检手续，未按照规定向代理报检企业提供所委托报检事项的真实情况，取得检验检疫部门的有关证单的，对委托人依照前款规定予以处罚。

第七十六条　伪造、变造、买卖或者盗窃检验证单、印章、标志、封识、货物通关单或者使用伪造、变造的检验证单、印章、标志、封识、货物通关单，构成犯罪的，依法追究刑事责任；尚不够刑事处罚的，由检验检疫部门按照《中华人民共和国进出口商品检验法实施条例》第四十七条的规定责令改正，没收违法所得，并处非食用动物产品货值金额等值以下罚款。

第七十七条　擅自调换检验检疫部门抽取的样品或者检验检疫部门检验合格的进出境非食用动物产品的，由检验检疫部门按照《中华人民共和国进出口商品检验法实施条例》第四十八条的规定责令改正，给予警告；情节严重的，并处非食用动物产品货值金额10%以上50%以下罚款。

第七十八条　有下列违法行为之一的，由检验检疫部门按照《中华人民共和国进出境动植物检疫法实施条例》第五十九条的规定处5000元以下的罚款：

（一）未报检或者未依法办理检疫审批手续或者未按检疫审批的规定执行的；

（二）报检的非食用动物产品与实际不符的。

有前款第（二）项所列行为，已取得检疫单证的，予以吊销。

第七十九条　有下列情形之一的，由检验检疫部门按照《中华人民共和国进出境动植物检疫法实施条例》第六十条的规定处3000元以上3万元以下罚款：

（一）未经检验检疫部门批准，擅自将进境、出境、过境非食用动物产品卸离运输工具或者运递的；

（二）擅自开拆过境非食用动物产品的包装，或者擅自开拆、损毁动植物检疫封识或者标志的。

第八十条 有下列情形之一的，依法追究刑事责任；尚不构成犯罪或者犯罪情节显著轻微依法不需要判处刑罚的，由检验检疫部门按照《中华人民共和国进出境动植物检疫法实施条例》第六十二条的规定处 2 万元以上 5 万元以下的罚款：

（一）引起重大动植物疫情的；

（二）伪造、变造动植物检疫单证、印章、标志、封识的。

第八十一条 有下列情形之一，有违法所得的，由检验检疫部门处以违法所得 3 倍以下罚款，最高不超过 3 万元；没有违法所得的，处以 1 万元以下罚款：

（一）未经注册登记或者指定擅自生产、加工、存放需要实施企业注册登记或者指定管理的非食用动物产品的；

（二）擅自销售、使用或者出口应当经抽查检验而未经抽查检验的进出境非食用动物产品的；

（三）买卖或者使用伪造、变造的动植物检疫单证、印章、标志、封识的；

（四）买卖或者使用伪造、变造的输出国家或者地区主管部门检验检疫证明文件的；

（五）买卖或者使用伪造、变造的其他相关证明文件的；

（六）拒不接受检验检疫部门监督管理的；

（七）未按照有关规定向指定企业所在地检验检疫部门申报的；

（八）实施企业注册登记或者指定管理的进境非食用动物产品，未经批准，货主或者其代理人擅自变更生产、加工、存放企业的；

（九）擅自处置未经检疫处理的进境非食用动物产品使用、加工过程中产生的废弃物的。

第八十二条 申请注册登记的生产、加工、存放企业隐瞒有关情况或者提供虚假材料申请注册登记的，检验检疫部门不予受理申请或者不予注册登记，并可以给予警告。

经注册登记的生产、加工、存放企业以欺骗、贿赂等不正当手段取得注册登记的，有违法所得的，由检验检疫部门处以违法所得3倍以下罚款，最高不超过3万元；没有违法所得的，处以1万元以下罚款。

第八十三条　检验检疫部门工作人员滥用职权，故意刁难当事人的，徇私舞弊，伪造检验检疫结果的，或者玩忽职守，延误检验检疫出证的，依法给予行政处分；构成犯罪的，依法追究刑事责任。

第七章　附　则

第八十四条　本办法中非食用动物产品是指非直接供人类或者动物食用的动物副产品及其衍生物、加工品，如非直接供人类或者动物食用的动物皮张、毛类、纤维、骨、蹄、角、油脂、明胶、标本、工艺品、内脏、动物源性肥料、蚕产品、蜂产品、水产品、奶产品等。

第八十五条　进出境非食用动物产品应当实施卫生检疫的，按照国境卫生检疫法律法规的规定执行。

第八十六条　本办法由国家质检总局负责解释。

第八十七条　本办法自2015年2月1日起施行。自施行之日起，进出境非食用动物产品检验检疫管理规定与本办法不一致的，以本办法为准。

公路动物防疫监督检查站管理办法

农业部关于印发

《公路动物防疫监督检查站管理办法》的通知

农医发〔2006〕7号

各省、自治区、直辖市及计划单列市畜牧兽医（农业、农牧）厅（局、办），新疆生产建设兵团农业局：

为加强公路动物防疫监督检查站管理，防止出现公路"三乱"，有效防控重大动物疫病，保护养殖业发展和人民群众身体健康，根据《中华人民共和国动物防疫法》及有关规定，我部制定了《公路动物防疫监督检查站管理办法》。现印发给你们，请遵照执行。

二〇〇六年八月二十八日

第一条 为了规范和加强公路动物防疫监督检查站管理，有效防控重大动物疫病，根据《中华人民共和国动物防疫法》及国家有关规定，制定本办法。

第二条 本办法适用于全国公路动物防疫监督检查站的设置及监督管理工作。

本办法所称公路动物防疫监督检查站，是指按照《中华人民共和国动物防疫法》规定设立的临时性动物防疫监督检查站。

第三条 公路动物防疫监督检查站的设置要遵循统筹规划、合理布局的原则。省际间公路动物防疫监督检查站可联合设站。

第四条 公路动物防疫监督检查站由省级人民政府兽医行政管

理部门根据动物防疫工作需要向省级人民政府申请，经省级人民政府批准后方可设立，同时报农业部备案。

第五条 农业部主管全国公路动物防疫监督检查站的监督管理工作。

省级人民政府兽医行政管理部门主管本省（自治区、直辖市）公路动物防疫监督检查站的监督管理工作，可委托县级人民政府兽医行政管理部门管理本辖区内公路动物防疫监督检查站。

省级动物卫生监督机构具体负责本省（自治区、直辖市）公路动物防疫监督检查站的监督管理和业务指导工作，可委托县级动物卫生监督机构具体负责辖区内公路动物防疫监督检查站的监督管理和业务指导工作。

公路动物防疫监督检查站是动物卫生监督机构的派出机构。

第六条 公路动物防疫监督检查站的主要职责：

（一）查验相关证明，检查运输的动物及动物产品；

（二）根据防控重大动物疫病的需要，对动物、动物产品的运载工具实施消毒；

（三）对不符合动物防疫有关法律、法规和国家规定的，按有关规定处理；

（四）发现动物疫情，按有关规定报告并采取相应处理措施；

（五）对动物防疫监督检查的有关情况进行登记。

第七条 公路动物防疫监督检查站应当具备下列条件：

（一）有固定的办公场所；

（二）有检查、消毒场地；

（三）有夜间监督检查所需的照明设施、标志及人员安全防护设施设备；

（四）有消毒、检疫、监督等设施设备；

（五）有执行监督检查任务需要的工作人员。

第八条 公路动物防疫监督检查站工作人员由省级人民政府兽医行政管理部门培训、考核，考核合格的，颁发资格证书。

第九条 公路动物防疫监督检查站工作人员应着装整齐、持证上岗，坚守工作岗位，做到严格执法、热情服务。

第十条 公路动物防疫监督检查站工作人员对运输的动物、动物产品实施检查后，对符合规定、证物相符、检查合格的，在检疫证明上加盖全国统一格式的"公路动物防疫监督检查站监督检查专用章"，并做好相关登记。

需要补检、消毒收费的按国家价格、财政主管部门有关规定处理。

第十一条 公路动物防疫监督检查站应当在醒目位置公示主管机关、设站依据、执法依据及职责、执法程序和内容、收费标准和处罚依据、上岗人员情况，以及省、地、县动物卫生监督机构的监督电话，接受社会监督。

公路动物防疫监督检查站前方应当设立明显标志，提示运输动物、动物产品车辆停车接受检查。

第十二条 公路动物防疫监督检查站应当按照有关规定向所在地动物卫生监督机构定期报送工作情况。

地方各级动物卫生监督机构应当定期汇总公路动物防疫监督检查站有关情况，并逐级上报至中国动物疫病预防控制中心。

中国动物疫病预防控制中心定期汇总全国公路动物防疫监督检查站有关情况，报农业部兽医局。

第十三条 公路动物防疫监督检查站应当建立联动协作机制，强化省际间流通环节监督执法协作工作。

第十四条 公路动物防疫监督检查站要积极与纠风、公安、交通等有关部门配合，严格履行职责。

第十五条 公路动物防疫监督检查站人员经费和工作经费应当

依照规定全额纳入各级财政预算。

第十六条 公路动物防疫监督检查站工作人员违反本办法规定的，依法追究工作人员本人和主管人员的责任。

第十七条 公路动物防疫监督检查站相关技术规范由农业部制定。

第十八条 铁路、航空、港口动物防疫监督检查站的管理参照本办法执行。

第十九条 本办法由农业部负责解释。

第二十条 本办法自发布之日起施行。

北京市动物防疫条例

北京市人民代表大会常务委员会公告

〔十四届〕第 6 号

《北京市动物防疫条例》已由北京市第十四届人民代表大会常务委员会第 11 次会议于 2014 年 5 月 23 日通过，现予公布，自 2014 年 10 月 1 日起施行。

北京市人民代表大会常务委员会

2014 年 5 月 23 日

第一章 总 则

第一条 为了加强对动物防疫活动的管理，预防、控制和扑灭动物疫病，促进养殖业发展，保护人体健康，维护公共卫生安全，根据《中华人民共和国动物防疫法》等有关法律、法规的规定，结合本市实际，制定本条例。

第二条 本条例适用于本市行政区域内的动物防疫及其监督管理活动。

进出境动物、动物产品的检疫以及实验动物的预防免疫，适用其他有关法律、法规的规定。

第三条 本市动物防疫工作坚持预防为主、综合防治、全程监管、重点控制的原则，建立政府监管与服务、企业主责、行业自律和社会参与的共同治理工作机制。

第四条 市和区、县人民政府应当加强对动物防疫工作的统一领导，将动物防疫工作纳入国民经济和社会发展规划和计划，建立健全动物防疫体系，按照职责将动物疫病的预防、监测、控制、检疫、监督管理以及动物疫情应急处理所需经费纳入本级财政预算。

乡镇人民政府、街道办事处应当建立动物防疫责任制度，明确专门人员，协助做好本辖区内的动物防疫知识宣传、动物饲养情况调查、动物疫病监测、重大动物疫情控制和扑灭等工作。

村民委员会、居民委员会应当配合做好本辖区内的动物防疫工作，督促和引导村民、居民依法履行动物防疫义务。

第五条 市和区、县兽医行政主管部门主管本行政区域内的动物防疫工作。

区、县兽医行政主管部门根据动物防疫工作需要，在乡镇或者特定区域派驻基层兽医机构，在村、社区可以设置村级动物防疫员、社区动物防疫协管员。村级动物防疫员、社区动物防疫协管员应当协助做好动物防疫知识宣传、强制免疫接种、动物饲养情况调查、疫情观察报告和调查处置、违法行为报告和制止等动物防疫工作。

卫生、园林绿化、水务、环境保护、市政市容、食品药品监督、工商行政管理、公安等行政部门和出入境检验检疫机构，按照各自职责做好动物防疫相关工作。与动物防疫相关、一时难以定性且涉及多部门的事项，由兽医行政主管部门先行处理并负责协调。

第六条 市和区、县人民政府设立的动物卫生监督机构负责动物、动物产品的检疫工作和其他有关动物防疫的监督管理执法工作。

第七条 市和区、县人民政府设立的动物疫病预防控制机构，承担动物疫病的监测、检测、诊断、流行病学调查、疫情报告、动物防疫知识宣传以及其他预防、控制等技术工作。未设立动物疫病预防控制机构的区、县，区、县兽医行政主管部门可以委托其他专业机构承担动物疫病预防、控制等技术工作。

第八条 从事动物饲养、屠宰、经营、隔离、运输、诊疗以及动物产品生产、经营、加工、贮藏等活动的单位和个人，应当遵守动物防疫法律、法规、规章和标准的规定，做好动物疫病的预防、报告、控制等工作，降低动物疫病发生风险，防止疫情扩散。

第九条 市和区、县人民政府有关部门应当加强对动物防疫相关行业协会的支持、指导和服务，并可以委托符合条件的行业协会承担部分动物防疫相关事项。

动物防疫相关行业协会应当承担行业自律责任，根据章程指导、规范和监督会员依法从事动物、动物产品生产经营等活动，推进行业诚信建设；为会员提供信息、技术、营销、培训等服务，参与制定、修订生产和服务标准，向兽医行政主管部门提出改进工作的意见和建议，维护会员合法权益；开展动物防疫知识宣传。

第十条 市和区、县人民政府应当采取措施支持保险机构开发动物疫病保险产品，逐步扩大承保的动物疫病种类和范围，鼓励动物养殖者参加动物疫病保险。

第十一条 市和区、县人民政府对在动物防疫工作、动物防疫科学研究中作出突出成绩和贡献的单位和个人按照规定给予表彰和奖励。

第二章 动物疫病的预防和控制

第十二条 市和区、县人民政府应当组织兽医、卫生、园林绿化、水务等行政部门和出入境检验检疫机构建立健全统一的动物疫情监测网络，加强动物疫情监测，及时互相通报信息。

市和区、县兽医行政主管部门应当会同卫生、园林绿化等行政部门和出入境检验检疫机构建立健全协调机制，加强人畜共患传染病防治、野生动物疫源疫病监测、外来动物疫病防范等方面的合作。

第十三条 市兽医行政主管部门应当制定动物疫病监测计划，组织动物疫病预防控制机构开展动物疫病监测和流行病学调查。

因开展动物疫病监测和流行病学调查需要采集样品的，应当按照规定标准给予动物养殖者动物应激损失补偿。

第十四条 本市建立动物疫病状况风险评估制度。

市和区、县兽医行政主管部门应当组织有关部门和专家，根据国内外动物疫病发生规律、流行趋势和动物疫病监测结果，开展动物疫病状况风险评估。评估结果应当及时向有关部门通报。

第十五条 动物疫病状况风险评估结果表明具有较高程度动物疫病发生风险的，市兽医行政主管部门应当及时发出动物疫病风险警示，制定相应的预防、控制措施，并及时向社会公布。

动物疫病状况风险评估结果表明情况紧急、可能引发重大动物疫情的，市兽医行政主管部门应当根据需要实施隔离、紧急免疫接种等临时控制措施。必要时，经市人民政府批准，可以实施责令暂停销售和购进相关动物及动物产品、限制相关动物及动物产品移动等临时控制措施。重大动物疫情风险消除后，应当及时解除临时控制措施。

第十六条 市和区、县人民政府应当制定本行政区域的重大动物疫情应急预案，按照规定分别报国务院兽医行政主管部门和市兽医行政主管部门备案。

市和区、县兽医行政主管部门应当按照不同动物疫病病种及其流行特点和危害程度，分别制定重大动物疫情应急预案的实施方案。

市和区、县人民政府应当根据重大动物疫情防控需要，适时启动重大动物疫情应急预案。

第十七条　市和区、县人民政府应当制定并组织实施动物疫病防治规划，分级分类、有计划地控制和净化严重危害养殖业生产和人体健康的重点动物疫病和人畜共患传染病。

市兽医行政主管部门根据动物疫病防治规划制定本市动物疫病净化计划，建立动物免疫退出和动物疫病传播阻断制度，支持企业通过开展生物安全隔离区、无特定动物病原场群建设，实施对动物疫病的区域化管理，控制和净化重点动物疫病和人畜共患传染病。

动物饲养者应当遵守本市动物免疫退出和动物疫病传播阻断制度的有关规定。

第十八条　市和区、县兽医行政主管部门应当加强对动物养殖场、养殖小区以外的养殖场所动物防疫的指导服务和监督管理。动物养殖场、养殖小区以外的养殖场所应当在基层兽医机构指导下做好动物防疫相关工作。

第十九条　市兽医行政主管部门制定本市动物疫病强制免疫计划，区、县兽医行政主管部门根据本市动物疫病强制免疫计划，制定并组织实施本行政区域的动物疫病强制免疫实施方案。

乡镇人民政府、街道办事处应当组织本辖区内的动物饲养者做好动物疫病强制免疫工作。

第二十条　动物饲养者应当依法履行动物疫病强制免疫义务。

动物养殖场、养殖小区应当配备动物防疫技术人员，实施免疫接种，做好免疫记录，建立免疫档案；不具备自行实施免疫接种条件的单位和个人，应当向区、县兽医行政主管部门设立的基层兽医机构申请强制免疫接种服务。

第二十一条　市和区、县兽医行政主管部门应当加强对强制免疫和动物疫病净化相关疫苗采购、储存、分发和使用的监督管理，开展免疫效果监测和免疫质量评估。

第二十二条　本市对犬只实施狂犬病强制免疫。

犬只养殖场配备的动物防疫技术人员应当为饲养的犬只实施免疫接种。其他犬只饲养者应当到区、县兽医行政主管部门认定的狂犬病免疫点对犬只进行免疫接种，并支付免疫费用，本市地方性法规另有规定的除外。

犬只接受狂犬病强制免疫接种的，取得狂犬病免疫证明、标识。狂犬病免疫标识由市兽医行政主管部门监制。

犬只饲养者携带犬只在户外活动，应当为犬只佩戴狂犬病免疫标识；犬只饲养者不得携带未佩戴狂犬病免疫标识的犬只在户外活动。

第二十三条　禁止在有形市场现场销售活畜禽。

禁止携带活畜禽乘坐公共电汽车、轨道交通车辆、道路客运车辆等公共交通工具，法律、法规另有规定的除外。

携带训练合格的导盲犬等工作犬乘坐公共交通工具不受本条第二款规定的限制。

第二十四条　下列动物、动物产品应当按照规定进行无害化处理，任何单位和个人不得随意处置：

（一）动物饲养活动中死亡的动物；

（二）动物诊疗、教学科研活动中死亡的动物和产生的病理组织；

（三）染疫的动物和动物产品；

（四）经检验对人体健康有危害的动物和动物产品；

（五）其他可能造成动物疫病传播的动物和动物产品。

第二十五条　动物、动物产品无害化处理公共设施是公益性城市基础设施。

市兽医行政主管部门会同发展改革、财政、规划、环境保护等行政部门编制动物、动物产品无害化处理公共设施建设实施方案，报市人民政府同意后组织实施。区、县人民政府应当按照实施方案的要求建设动物、动物产品无害化处理公共设施。

本市鼓励和支持单位和个人投资建设动物、动物产品无害化处理设施，向社会提供无害化处理服务。

第二十六条 对本条例第二十四条所列举的动物、动物产品的收集、运输、处理以及无害化处理公共设施的运行维护、财政支持等办法，由市兽医行政主管部门会同财政、市政市容、环境保护、水务、园林绿化等行政部门制定，并向社会公布。

第二十七条 动物屠宰加工场所、动物养殖场、养殖小区、动物隔离场所应当具备符合规定的无害化处理设施设备，并保证无害化处理设施设备正常运转。已经委托他人进行无害化处理的，可以不自行建设无害化处理设施设备。

本条第一款规定以外的动物饲养者不能实施无害化处理的，应当将需要进行无害化处理的动物、动物产品及时送交无害化处理设施运营单位实施无害化处理，或者及时告知兽医行政主管部门指定的收集单位，由收集单位送交无害化处理设施运营单位实施无害化处理。

区、县兽医行政主管部门应当会同有关部门根据需要在交通不便的农村地区设置小型无害化处理设施设备。

第二十八条 动物、动物产品无害化处理设施的选址，应当避让饮用水水源保护地、风景名胜区、居住区等区域。

第二十九条 市和区、县兽医行政主管部门应当会同科技、环保部门制定政策措施，支持和鼓励无害化处理先进技术、设施设备的研究开发和成果示范推广。

市兽医行政主管部门应当组织制定动物、动物产品无害化处理技术通则，为动物、动物产品的无害化处理提供技术指导。

第三十条 动物饲养者应当遵守下列规定：

（一）为动物提供适宜的环境；

（二）保证动物达到国家规定的健康标准；

（三）对患病动物进行必要的治疗；

（四）不遗弃、虐待饲养的动物。

市公安机关依法设立犬类留检所，负责收容处理犬只饲养者放弃饲养的犬只、被没收的犬只和无主犬只。动物卫生监督机构根据需要自行设立或者委托有条件的社会组织设立犬只以外的动物收容场所或者暂存场所，实施犬只以外动物的收容。

第三十一条 因依法实施强制免疫造成动物应激死亡，以及在动物疫病预防和控制、扑灭过程中强制扑杀的动物、销毁的动物产品和相关物品，市和区、县人民政府应当依据国家规定给予补偿。

第三章 动物和动物产品的检疫

第三十二条 动物卫生监督机构可以根据工作需要，在特定区域或者场所设立官方兽医室，派驻官方兽医。

动物卫生监督机构可以根据工作需要，指定兽医专业人员，或者聘用兽医专业人员作为签约兽医，协助官方兽医实施动物检疫技术工作。

官方兽医出具检疫证明，并对检疫结论负责。

第三十三条 本市对猪、牛、羊、鸡、鸭实行定点屠宰，集中检疫，农村地区自宰自食的除外。

猪、牛、羊、鸡、鸭定点屠宰加工场所应当符合行业发展规划和动物防疫条件；牛、羊、鸡、鸭的定点屠宰场所应当取得市兽医行政主管部门核发的定点屠宰证，生猪定点屠宰证的核发按照生猪屠宰管理条例执行。

本条第一款规定以外的动物的屠宰加工场所，应当符合动物防疫条件，并在屠宰前向区、县动物卫生监督机构申报检疫。

屠宰加工场所的经营管理者应当如实记录动物来源、动物产品流向、检疫证明编号等可追溯信息，记录应当至少保存 2 年。

第三十四条 动物屠宰加工场所应当按照规定进行致病性微生物、兽药残留、违禁药物和非法添加物检测，并如实记录检测结果。检测结果记录应当至少保存 2 年。

第三十五条 从事动物收购、销售、运输的单位和个人，应当向所在区、县动物卫生监督机构备案。

从事动物产品经营的单位和个人，应当记录动物产品的产地、生产者、检疫证明编号、购入日期和数量等事项。记录应当至少保存 2 年。

第三十六条 集中交易市场或者庙会、游园会、展销会等场所内有动物、动物产品经营的，或者提供出租柜台供经营者从事动物、动物产品经营的，市场开办者、活动主办者或者柜台出租者应当遵守下列规定：

（一）配备专职人员，指导并督促入场经营者落实动物防疫责任；

（二）建立场内动物、动物产品经营者档案，记录经营者的基本情况、主要进货渠道、经营品种、品牌和供货商等信息；

（三）对入场销售的动物、动物产品实施查证、验章、验物；

（四）根据需要配备动物产品检验、冷藏冷冻等设施设备。

动物、动物产品经营者应当公示动物、动物产品的检疫信息、产地信息。

第三十七条 冷库经营者在动物产品入库时应当查验、留存检疫证明，记录动物产品的产地、生产者、检疫证明编号、入库日期和数量等信息。

动物产品出库时，动物产品经营者应当向动物卫生监督机构申请换发检疫证明；动物产品出库后，冷库经营者应当保存原检疫证明和相关记录至少 2 年。

第三十八条 动物产品销售者应当为消费者提供动物产品可追溯信息凭据。

餐饮经营者和单位食堂购买动物产品，应当保存检疫证明或者可追溯信息凭据，并至少保存 2 年。

第三十九条 动物展览、演出和比赛等活动的主办者，应当在活动举办 60 日前向活动举办地的区、县动物卫生监督机构报告。区、县动物卫生监督机构给予防疫指导，实施监督检查。

第四章 动物诊疗

第四十条 动物诊疗机构应当遵守下列规定：

（一）公示动物诊疗许可证和执业兽医资格证书、监督电话；

（二）建立符合规定的病历、处方、药品、手术、住院等诊疗管理制度；

（三）保存动物诊疗病历、处方、检验报告、手术及麻醉记录等资料至少 3 年；

（四）执行有关防止动物疫病医源性感染或者扩散的技术规范和操作规程；

（五）按照规定对动物诊疗活动中产生的医疗废物进行处理；

（六）聘用注册或者备案的执业兽医从事动物诊疗活动。

动物诊疗机构兼营动物用品、动物美容等项目的区域与诊疗区域应当经过物理分隔、独立设置。

第四十一条 动物诊疗机构应当确定专门部门或者人员承担诊疗活动中与动物疫病医源性感染有关的危险因素的监测、安全防护、消毒、隔离、动物疫情报告和医疗废物处置等工作。

第四十二条 动物诊疗机构不得在动物诊疗场所从事动物交易、寄养活动。

第四十三条 从事动物寄养活动应当符合下列条件：

（一）有兽医专业技术人员；

（二）有相应的消毒、废物处理或者暂存设施设备；

（三）有与其服务规模相适应的隔离饲养器具和动物活动空间；

（四）有完善的动物防疫管理制度。

第四十四条 执业兽医从事动物诊疗活动，应当佩戴载有本人姓名、照片、执业地点、执业等级等内容的标牌。

第四十五条 市兽医行政主管部门应当制定执业兽医考核和培训计划，对执业兽医的业务水平、工作成绩和职业道德状况进行定期考核，为执业兽医接受继续教育提供条件。

市兽医行政主管部门可以委托相关机构或者组织承担执业兽医考核、培训和继续教育等工作。

聘用执业兽医的单位和个人应当保证所聘用的执业兽医接受培训和继续教育的时间。

第五章　监督管理

第四十六条 市和区、县人民政府应当采取有效措施，建立健全动物防疫队伍，加强动物防疫基础设施建设，提高动物防疫和监督管理水平。

第四十七条 动物卫生监督机构的官方兽医开展动物防疫监督执法，应当统一着装、佩戴统一标志，出示行政执法证件。

第四十八条 市兽医行政主管部门应当与其他省、自治区、直辖市的兽医行政主管部门建立协作机制，开展信息共享、全程追溯、技术协作等合作，并根据需要对进京动物、动物产品的外埠供应基地提供动物防疫方面的技术支持和服务。

第四十九条 市和区、县人民政府鼓励和支持本市食品和食用农产品批发市场、超市等企业在外埠建立稳定的动物、动物产品供应基地，保障输入本市的动物、动物产品安全。

第五十条 经公路运输动物、动物产品进入本市的，承运人应当在市人民政府确定并公布的检疫通道向动物卫生监督机构报验；经铁路、航空运输动物、动物产品进入本市的，承运人应当提前向动物卫生监督机构报告。

动物卫生监督机构按照规定实施查证、验物和车辆消毒，在动物检疫合格证明上加盖监督检查专用章。任何单位、个人不得接收未取得动物卫生监督机构监督检查专用章的动物、动物产品。

市兽医行政主管部门在本市检疫通道以外的乡级以上公路的市界道口设立动物、动物产品运输禁行标志的，按照本市公路管理有关规定执行。

第五十一条 有下列情形之一的，动物卫生监督机构应当监督货主对动物、动物产品进行无害化处理：

（一）发现检疫不合格的动物、动物产品；

（二）发现运输过程中病死或者死因不明的动物。

情况紧急，需要对前款规定的动物、动物产品立即处理的，由动物卫生监督机构组织进行无害化处理，所需费用由货主承担。

第五十二条 本市建立动物防疫信息平台，统一归集、公布从事动物饲养、屠宰、经营、隔离、运输、诊疗，以及动物产品生产、经营、加工、运输、贮藏等活动的单位和个人的信用信息；涉及食品安全的，纳入本市统一的食品安全追溯信息系统。

第五十三条 禁止转让、伪造或者变造检疫证、章、标志或者畜禽标识。

禁止持有、使用伪造或者变造的检疫证、章、标志或者畜禽标识；使用伪造或者变造的检疫证、章、标志或者畜禽标识的，视同未经检疫。

第五十四条 本市鼓励组织或者个人举报动物防疫违法行为；市和区、县人民政府对为查处动物防疫重大违法案件提供关键线索或者证据的举报人给予奖励。

动物卫生监督机构应当将举报方式向社会公布，对接到的举报应当及时处理。

第六章 法律责任

第五十五条 市和区、县人民政府及其有关部门、动物卫生监督机构、动物疫病预防控制机构和工作人员违反本条例规定，违法履行、不履行或者不当履行行政职责的，按照国家和本市有关规定对直接负责的主管人员和其他直接负责人员给予行政问责和行政处分；构成犯罪的，依法追究刑事责任。

第五十六条 违反本条例第十五条第二款规定，不执行隔离、紧急免疫接种、暂停销售和购进相关动物及动物产品、限制相关动物及动物产品移动等临时控制措施的，由动物卫生监督机构责令限期改正，给予警告；逾期不改的，由动物卫生监督机构代作处理，所需处理费用由违法行为人承担，并处1000元以上1万元以下罚款。

第五十七条 违反本条例第十七条第三款规定，不遵守动物免疫退出和动物疫病传播阻断制度的，由动物卫生监督机构给予警告，对单位处5000元以上5万元以下罚款，对个人处1000元以上1万元以下罚款。

第五十八条 违反本条例第二十二条第二款规定，未对犬只进行免疫接种的，由动物卫生监督机构责令限期改正，给予警告；逾期不改的，由动物卫生监督机构代作处理，所需费用由违法行为人承担，并处1000元以下罚款；犬只给他人造成人身伤害、财产损失的，饲养者依法承担相应的民事责任。

第五十九条 违反本条例第二十三条第一款规定，在有形市场现场销售活畜禽的，由食品药品监督管理部门责令改正，没收经营的活畜禽和器具，对销售者可以处1000元以上1万元以下罚款，对市场开办者处5000元以上5万元以下罚款。

第六十条 违反本条例第二十四条规定，未对动物、动物产品进行无害化处理的，由动物卫生监督机构责令限期改正，给予警告；逾期不改的，由动物卫生监督机构代作处理，所需处理费用由违法行为人承担，并处3000元以下罚款。

第六十一条 违反本条例第二十七条第一款规定，未按规定建设无害化处理设施设备或者自行建设的设施设备不符合规定，也未委托他人进行无害化处理的，由动物卫生监督机构或者环境保护主管部门责令停止生产、使用，可以处1万元以上10万元以下罚款。

第六十二条 违反本条例第三十三条第二款规定，未取得定点屠宰证擅自屠宰猪、牛、羊、鸡、鸭的，由动物卫生监督机构予以取缔，没收动物、动物产品、屠宰工具和设备以及违法所得，并处货值金额3倍以上5倍以下罚款；货值金额难以确定的，对单位处10万元以上20万元以下罚款，对个人处5000元以上1万元以下罚款。

违反本条例第三十三条第三款规定，未在屠宰前申报检疫的，由动物卫生监督机构给予警告，处3000元以上3万元以下罚款。

第六十三条 有下列情形之一的，由动物卫生监督机构责令限期改正，给予警告；逾期不改的，可以处1000元以上1万元以下罚款；造成严重后果的，责令停产停业：

（一）动物屠宰加工场所未按照本条例第三十四条规定进行致病性微生物、兽药残留、违禁药物和非法添加物检测的；

（二）不具备本条例第四十三条规定的条件，从事动物寄养活动的。

第六十四条 违反本条例第三十五条第一款规定，从事动物收购、销售、运输的单位和个人未备案的，由动物卫生监督机构责令限期改正，给予警告，可以处 1000 元以上 1 万元以下罚款。

第六十五条 有下列情形之一的，由动物卫生监督机构责令限期改正，给予警告；逾期不改的，处 3000 元以上 3 万元以下罚款；涉及食品安全监督管理的，由食品药品监督管理部门依法处理：

（一）违反本条例第三十三条第四款规定，屠宰加工场所的经营管理者未记录、保存相关可追溯信息的；

（二）违反本条例第三十五条第二款规定，从事动物产品经营的单位和个人未记录、保存相关事项的；

（三）违反本条例第三十七条规定，冷库经营者未查验、留存、保存相关证明和记录的；

（四）违反本条例第三十八条第一款规定，动物产品销售者未提供动物产品可追溯信息凭据的；

（五）违反本条例第三十八条第二款规定，餐饮经营者和单位食堂未保存动物检疫证明或者可追溯信息凭据的。

第六十六条 市场开办者、活动主办者或者柜台出租者违反本条例第三十六条规定的，由动物卫生监督机构责令限期改正，给予警告；逾期不改的，处 5000 元以上 5 万元以下罚款；涉及食品安全监督管理的，由食品药品监督管理部门依法处理。

第六十七条 违反本条例第三十九条规定，举办动物展览、演出和比赛等活动的主办者，未按规定报告并接受防疫指导和监督检查的，由动物卫生监督机构责令限期改正，给予警告；逾期不改的，责令停止举办活动；活动已经结束的，处 1000 元以上 1 万元以下罚款。

第六十八条 违反本条例第四十条规定的，由动物卫生监督机构责令限期改正，给予警告；逾期不改的，责令停业，处 5000 元以上 5 万元以下罚款；情节严重的，由发证机关吊销动物诊疗许可证；给当事人造成损失的，由该动物诊疗机构承担赔偿责任。

第六十九条 违反本条例第四十二条规定，动物诊疗机构在动物诊疗场所从事动物交易、寄养活动的，由动物卫生监督机构责令限期改正，给予警告，没收违法所得，并处 5000 元以上 5 万元以下罚款；逾期不改的，责令停业；情节严重的，由发证机关吊销动物诊疗许可证。

第七十条 违反本条例第四十四条规定，执业兽医从事动物诊疗活动未佩戴标牌的，由动物卫生监督机构责令改正，给予警告；拒不改正的，处 1000 元以下罚款。

第七十一条 违反本条例第五十条第一款、第二款规定，未经检疫通道运输动物、动物产品进入本市，或者接收未取得动物卫生监督机构监督检查专用章的动物、动物产品的，由动物卫生监督机构对承运人、接收人处 1000 元以上 1 万元以下罚款。

第七十二条 违反本条例第五十三条第一款规定，转让、伪造或者变造检疫证、章、标志或者畜禽标识的，由动物卫生监督机构没收违法所得，收缴检疫证、章、标志或者畜禽标识，处 3000 元以上 3 万元以下罚款。

第七十三条 违反本条例规定，其他法律、法规规定有法律责任的，按照其他法律、法规规定执行。

第七章 附 则

第七十四条 本条例自 2014 年 10 月 1 日起施行。2004 年 10 月 22 日北京市第十二届人民代表大会常务委员会第十五次会议通过的《北京市实施〈中华人民共和国动物防疫法〉办法》同时废止。

全国普法学习读本

★ ★ ★ ★ ★

>>>>>>>>>>>>>>>>>>>>>>>>>>>>>>>

动植物防疫检疫法律法规学习读本

植物检疫法律法规

■ 曾 朝 主编

加大全民普法力度，建设社会主义法治文化，树立宪法法律
至上、法律面前人人平等的法治理念。
　　——中国共产党第十九次全国代表大会《决胜全面建
成小康社会 夺取新时代中国特色社会主义伟大胜利》

汕头大学出版社

图书在版编目（CIP）数据

植物检疫法律法规／曾朝主编 . -- 汕头：汕头大学出版社（2021．7重印）

（动植物防疫检疫法律法规学习读本）

ISBN 978-7-5658-3526-1

Ⅰ.①植… Ⅱ.①曾… Ⅲ.①植物检疫-农业法-中国-学习参考资料 Ⅳ.①D922.44

中国版本图书馆 CIP 数据核字（2018）第 037642 号

植物检疫法律法规　　　　　　ZHIWU JIANYI FALÜ FAGUI

主　　编：曾　朝

责任编辑：邹　峰

责任技编：黄东生

封面设计：大华文苑

出版发行：汕头大学出版社

　　　　　广东省汕头市大学路 243 号汕头大学校园内　邮政编码：515063

电　　话：0754-82904613

印　　刷：三河市南阳印刷有限公司

开　　本：690mm×960mm 1/16

印　　张：18

字　　数：226 千字

版　　次：2018 年 5 月第 1 版

印　　次：2021 年 7 月第 2 次印刷

定　　价：59.60 元（全 2 册）

ISBN 978-7-5658-3526-1

前 言

习近平总书记指出："推进全民守法，必须着力增强全民法治观念。要坚持把全民普法和守法作为依法治国的长期基础性工作，采取有力措施加强法制宣传教育。要坚持法治教育从娃娃抓起，把法治教育纳入国民教育体系和精神文明创建内容，由易到难、循序渐进不断增强青少年的规则意识。要健全公民和组织守法信用记录，完善守法诚信褒奖机制和违法失信行为惩戒机制，形成守法光荣、违法可耻的社会氛围，使遵法守法成为全体人民共同追求和自觉行动。"

中共中央、国务院曾经转发了中央宣传部、司法部关于在公民中开展法治宣传教育的规划，并发出通知，要求各地区各部门结合实际认真贯彻执行。通知指出，全民普法和守法是依法治国的长期基础性工作。深入开展法治宣传教育，是全面建成小康社会和新农村的重要保障。

普法规划指出：各地区各部门要根据实际需要，从不同群体的特点出发，因地制宜开展有特色的法治宣传教育坚持集中法治宣传教育与经常性法治宣传教育相结合，深化法律进机关、进乡村、进社区、进学校、进企业、进单位的"法律六进"主题活动，完善工作标准，建立长效机制。

特别是农业、农村和农民问题，始终是关系党和人民事业发展的全局性和根本性问题。党中央、国务院发布的《关于推进社会主义新农村建设的若干意见》中明确提出要"加强农村法制建设，深入开展农村普法教育，增强农民的法制观念，提高农民依法行使权利和履行义务的自觉性。"多年普法实践证明，普及法律知识，提高法制观念，增强全社会依法办事意识具有重要作用。特别是在广大农村进行普法教育，是提高全民法律素质的需要。

多年来，我国在农村实行的改革开放取得了极大成功，农村发生了翻天覆地的变化，广大农民生活水平大大得到了提高。但是，由于历史和社会等原因，现阶段我国一些地区农民文化素质还不高，不学法、不懂法、不守法现象虽然较原来有所改变，但仍有相当一部分群众的法制观念仍很淡化，不懂、不愿借助法律来保护自身权益，这就极易受到不法的侵害，或极易进行违法犯罪活动，严重阻碍了全面建成小康社会和新农村步伐。

为此，根据党和政府的指示精神以及普法规划，特别是根据广大农村农民的现状，在有关部门和专家的指导下，特别编辑了这套《全国普法学习读本》。主要包括了广大人民群众应知应懂、实际实用的法律法规。为了辅导学习，附录还收入了相应法律法规的条例准则、实施细则、解读解答、案例分析等；同时为了突出法律法规的实际实用特点，兼顾地方性和特殊性，附录还收入了部分某些地方性法律法规以及非法律法规的政策文件、管理制度、应用表格等内容，拓展了本书的知识范围，使法律法规更"接地气"，便于读者学习掌握和实际应用。

在众多法律法规中，我们通过甄别，淘汰了废止的，精选了最新的、权威的和全面的。但有部分法律法规有些条款不适应当下情况了，却没有颁布新的，我们又不能擅自改动，只得保留原有条款，但附录却有相应的补充修改意见或通知等。众多法律法规根据不同内容和受众特点，经过归类组合，优化配套。整套普法读本非常全面系统，具有很强的学习性、实用性和指导性，非常适合用于广大农村和城乡普法学习教育与实践指导。总之，是全国全民普法的良好读本。

目　录

植物检疫条例

中华人民共和国进出境动植物检疫法

植物检疫条例

(一九八三年一月三日国务院发布；根据一九九二年五月十三日《国务院关于修改〈植物检疫条例〉的决定》修订)

第一条　为了防止为害植物的危险性病、虫、杂草传播蔓延，保护农业、林业生产安全，制定本条例。

第二条　国务院农业主管部门、林业主管部门主管全国的植物检疫工作，各省、自治区、直辖市农业主管部门、林业主管部门主管本地区的植物检疫工作。

第三条　县级以上地方各级农业主管部门、林业主管部门所属的植物检疫机构，负责执行国家的植物检疫任务。

植物检疫人员进入车站、机场、港口、仓库以及其他有关场所执行植物检疫任务，应穿着检疫制服和佩带检疫标志。

第四条　凡局部地区发生的危险性大、能随植物及其产品传播的病、虫、杂草，应定为植物检疫对象。农业、林业植物检疫对象和应施检疫的植物、植物产品名单，由国务院农业主管部门、林业主管部门制定。各省、自治区、直辖市农业主管部门、林业主管部门可以根据本地区的需要，制定本省、自治区、直辖市的补充名单，并报国务院农业主管部门、林业主管部门备案。

第五条 局部地区发生植物检疫对象的，应划为疫区，采取封锁、消灭措施，防止植物检疫对象传出；发生地区已比较普遍的，则应将未发生地区划为保护区，防止植物检疫对象传入。

疫区应根据植物检疫对象的传播情况、当地的地理环境、交通状况以及采取封锁、消灭措施的需要来划定，其范围应严格控制。

在发生疫情的地区，植物检疫机构可以派人参加当地的道路联合检查站或者木材检查站；发生特大疫情时，经省、自治区、直辖市人民政府批准，可以设立植物检疫检查站，开展植物检疫工作。

第六条 疫区和保护区的划定，由省、自治区、直辖市农业主管部门、林业主管部门提出，报省、自治区、直辖市人民政府批准，并报国务院农业主管部门、林业主管部门备案。

疫区和保护区的范围涉及两省、自治区、直辖市以上的，由有关省、自治区、直辖市农业主管部门、林业主管部门共同提出，报国务院农业主管部门、林业主管部门批准后划定。

疫区、保护区的改变和撤销的程序，与划定时同。

第七条 调运植物和植物产品，属于下列情况的，必须经过检疫：

（一）列入应施检疫的植物、植物产品名单的，运出发生疫情的县级行政区域之前，必须经过检疫；

（二）凡种子、苗木和其他繁殖材料，不论是否列入应施检疫的植物、植物产品名单和运往何地，在调运之前，都必须经过检疫。

第八条 按照本条例第七条的规定必须检疫的植物和植物产品，经检疫未发现植物检疫对象的，发给植物检疫证书。发现有植物检疫对象、但能彻底消毒处理的，托运人应按植物检疫机构的要求，在指定地点作消毒处理，经检查合格后发给植物检疫证书；无法消毒处理的，应停止调运。

植物检疫证书的格式由国务院农业主管部门、林业主管部门制定。

对可能被植物检疫对象污染的包装材料、运载工具、场地、仓库等，也应实施检疫。如已被污染，托运人应按植物检疫机构的要求处理。

因实施检疫需要的车船停留、货物搬运、开拆、取样、储存、消毒处理等费用，由托运人负责。

第九条 按照本条例第七条的规定必须检疫的植物和植物产品，交通运输部门和邮政部门一律凭植物检疫证书承运或收寄。植物检疫证书应随货运寄。具体办法由国务院农业主管部门、林业主管部门会同铁道、交通、民航、邮政部门制定。

第十条 省、自治区、直辖市间调运本条例第七条规定必须经过检疫的植物和植物产品的，调入单位必须事先征得所在地的省、自治区、直辖市植物检疫机构同意，并向调出单位提出检疫要求；调出单位必须根据该检疫要求向所在地的省、自治区、直辖市植物检疫机构申请检疫。对调入的植物和植物产品，调入单位所在地的省、自治区、直辖市的植物检疫机构应当查验检疫证书，必要时可以复检。

省、自治区、直辖市内调运植物和植物产品的检疫办法，由省、自治区、直辖市人民政府规定。

第十一条 种子、苗木和其他繁殖材料的繁育单位，必须有计划地建立无植物检疫对象的种苗繁育基地、母树林基地。试验、推广的种子、苗木和其他繁殖材料，不得带有植物检疫对象。植物检疫机构应实施产地检疫。

第十二条 从国外引进种子、苗木，引进单位应当向所在地的省、自治区、直辖市植物检疫机构提出申请，办理检疫审批手续。但是，国务院有关部门所属的在京单位从国外引进种子、苗木，应当向国务院农业主管部门、林业主管部门所属的植物检疫机构提出申请，办理检疫审批手续。具体办法由国务院农业主管部门、林业主管部门制定。

从国外引进、可能潜伏有危险性病、虫的种子、苗木和其他繁殖材料，必须隔离试种，植物检疫机构应进行调查、观察和检疫，证明确实不带危险性病、虫的，方可分散种植。

第十三条 农林院校和试验研究单位对植物检疫对象的研究，不得在检疫对象的非疫区进行。因教学、科研确需在非疫区进行时，属于国务院农业主管部门、林业主管部门规定的植物检疫对象须经国务院农业主管部门、林业主管部门批准，属于省、自治区、直辖市规定的植物检疫对象须经省、自治区、直辖市农业主管部门、林业主管部门批准，并应采取严密措施防止扩散。

第十四条 植物检疫机构对于新发现的检疫对象和其他危险性病、虫、杂草，必须及时查清情况，立即报告省、自治区、直辖市农业主管部门、林业主管部门，采取措施，彻底消灭，并报告国务院农业主管部门、林业主管部门。

第十五条 疫情由国务院农业主管部门、林业主管部门发布。

第十六条 按照本条例第五条第一款和第十四条的规定，进行疫情调查和采取消灭措施所需的紧急防治费和补助费，由省、自治区、直辖市在每年的植物保护费、森林保护费或者国营农场生产费中安排。特大疫情的防治费，国家酌情给予补助。

第十七条 在植物检疫工作中作出显著成绩的单位和个人，由人民政府给予奖励。

第十八条　有下列行为之一的，植物检疫机构应当责令纠正，可以处以罚款；造成损失的，应当负责赔偿；构成犯罪的，由司法机关依法追究刑事责任：

（一）未依照本条例规定办理植物检疫证书或者在报检过程中弄虚作假的；

（二）伪造、涂改、买卖、转让植物检疫单证、印章、标志、封识的；

（三）未依照本条例规定调运、隔离试种或者生产应施检疫的植物、植物产品的；

（四）违反本条例规定，擅自开拆植物、植物产品包装，调换植物、植物产品，或者擅自改变植物、植物产品的规定用途的；

（五）违反本条例规定，引起疫情扩散的。

有前款第（一）、（二）、（三）、（四）项所列情形之一，尚不构成犯罪的，植物检疫机构可以没收非法所得。

对违反本条例规定调运的植物和植物产品，植物检疫机构有权予以封存、没收、销毁或者责令改变用途。销毁所需费用由责任人承担。

第十九条　植物检疫人员在植物检疫工作中，交通运输部门和邮政部门有关工作人员在植物、植物产品的运输、邮寄工作中，徇私舞弊、玩忽职守的，由其所在单位或者上级主管机关给予行政处分；构成犯罪的，由司法机关依法追究刑事责任。

第二十条　当事人对植物检疫机构的行政处罚决定不服的，可以自接到处罚决定通知书之日起十五日内，向作出行政处罚决定的植物检疫机构的上级机构申请复议；对复议决定不服的，可以自接到复议决定书之日起十五日内向人民法院提起诉讼。当事人逾期不申请复议或者不起诉又不履行行政处罚决定的，植物检疫机构可以申请人民法院强制执行或者依法强制执行。

第二十一条 植物检疫机构执行检疫任务可以收取检疫费，具体办法由国务院农业主管部门、林业主管部门制定。

第二十二条 进出口植物的检疫，按照《中华人民共和国进出境动植物检疫法》的规定执行。

第二十三条 本条例的实施细则由国务院农业主管部门、林业主管部门制定。各省、自治区、直辖市可根据本条例及其实施细则，结合当地具体情况，制定实施办法。

第二十四条 本条例自发布之日起施行。国务院批准，农业部一九五七年十二月四日发布的《国内植物检疫试行办法》同时废止。

植物检疫条例实施细则（林业部分）

（一九九五年二月二十五日农业部发布；根据一九九七年十二月二十五日农业部令第39号修订）

第一条 根据《植物检疫条例》的规定，制定本细则。

第二条 林业部主管全国森林植物检疫（以下简称森检）工作。县级以上地方林业主管部门主管本地区的森检工作。

县级以上地方林业主管部门应当建立健全森检机构，由其负责执行本地区的森检任务。

国有林业局所属的森检机构负责执行本单位的森检任务，但是，须经省级以上林业主管部门确认。

第三条 森检员应当由具有林业专业，森保专业助理工程师以上技术职称的人员或者中等专业学校毕业、连续从事森保工作两年以上的技术员担任。

森检员应当经过省级以上林业主管部门举办的森检培训班培训并取得成绩合格证书，由省、自治区、直辖市林业主管部门批准，发给《森林植物检疫员证》。

森检员执行森检任务时，必须穿着森检制服、佩带森检标志和出示《森林植物检疫员证》。

第四条 县级以上地方林业主管部门或者其所属的森检机构可以根据需要在林业工作站、国有林场、国有苗圃、贮木场、自然保护区、木材检查站及有关车站、机场、港口、仓库等单位，聘请兼职森检员协助森检机构开展工作。

兼职森检员应当经过县级以上地方林业主管部门举办的森检培

训班培训并取得成绩合格证书，由县级以上地方林业主管部门批准，发给兼职森检员证。

兼职森检员不得签发《植物检疫证书》。

第五条 森检人员在执行森检任务时有权行使下列职权：

（一）进入车站、机场、港口、仓库和森林植物及其产品的生产、经营、存放等场所，依照规定实施现场检疫或者复检、查验植物检疫证书和进行疫情监测调查；

（二）依法监督有关单位或者个人进行消毒处理、除害处理、隔离试种和采取封锁、消灭等措施；

（三）依法查阅、摘录或者复制与森检工作有关的资料，收集证据。

第六条 应施检疫的森林植物及其产品包括：

（一）林木种子、苗木和其他繁殖材料；

（二）乔木、灌木、竹类、花卉和其他森林植物；

（三）木材、竹材、药材、果品、盆景和其他林产品。

第七条 确定森检对象及补充森检对象，按照《森林植物检疫对象确定管理办法》的规定办理。补充森检对象名单应当报林业部备案，同时通报有关省、自治区、直辖市林业主管部门。

第八条 疫区、保护区应当按照有关规定划定、改变或者撤销，并采取严格的封锁、消灭等措施，防止森检对象传出或者传入。

在发生疫情的地区，森检机构可以派人参加当地的道路联合检查站或者木材检查站；发生特大疫情时，经省、自治区、直辖市人民政府批准可以设立森检检查站，开展森检工作。

第九条 地方各级森检机构应当每隔三至五年进行一次森检对象普查。

省级林业主管部门所属的森检机构编制森检对象分布至县的资料，报林业部备查；县级林业主管部门所属的森检机构编制森检对象分布至乡的资料，报上一级森检机构备查。

危险性森林病、虫疫情数据由林业部指定的单位编制印发。

第十条　属于森检对象、国外新传入或者国内突发危险性森林病、虫的特大疫情由林业部发布；其他疫情由林业部授权的单位公布。

第十一条　森检机构对新发现的森检对象和其它危险性森林病、虫，应当及时查清情况，立即报告当地人民政府和所在省、自治区、直辖市林业主管部门，采取措施，彻底消灭，并由省、自治区、直辖市林业主管部门向林业部报告。

第十二条　生产、经营应施检疫的森林植物及其产品的单位和个人，应当在生产期间或者调运之前向当地森检机构申请产地检疫。对检疫合格的，由森检员或者兼职森检员发给《产地检疫合格证》；对检疫不合格的，发给《检疫处理通知单》。

产地检疫的技术要求按照《国内森林植物检疫技术规程》的规定执行。

第十三条　林木种子、苗木和其他繁殖材料的繁育单位，必须有计划地建立无森检对象的种苗繁育基地、母树林基地。

禁止使用带有危险性森林病、虫的林木种子、苗木和其他繁殖材料育苗或者造林。

第十四条　应施检疫的森林植物及其产品运出发生疫情的县级行政区域之前以及调运林木种子、苗木和其他繁殖材料必须经过检疫，取得《植物检疫证书》

《植物检疫证书》由省、自治区、直辖市森检机构按规定格式统一印制。

《植物检疫证书》按一车（即同一运输工具）一证核发。

第十五条 省际间调运应施检疫的森林植物及其产品，调入单位必须事先征得所在地的省、自治区、直辖市森检机构同意并向调出单位提出检疫要求；调出单位必须根据该检疫要求向所在地的省、自治区、直辖市森检机构或其委托的单位申请检疫。对调入的应施检疫的森林植物及其产品，调入单位所在地的省、自治区、直辖市的森检机构应当查验检疫证书，必要时可以复检。

检疫要求应当根据森检对象、补充森检对象的分布资料和危险性森林病、虫疫情数据提出。

第十六条 出口的应施检疫的森林植物及其产品，在省际间调运时应当按照本细则的规定实施检疫。

从国外进口的应施检疫的森林植物及其产品再次调运出省、自治区、直辖市时，存放时间在一个月以内的可以凭原检疫单证发给《植物检疫证书》，不收检疫费，只收证书工本费；存放时间虽未超过一个月但存放地疫情比较严重，可能染疫的，应当按照本细则的规定实施检疫。

第十七条 调运检疫时，森检机构应当按照《国内森林植物检疫技术规程》的规定受理报检和实施检疫，根据当地疫情普查资料、产地检疫合格证和现场检疫检验、室内检疫检验结果，确认是否带有森检对象、补充森检对象或者检疫要求中提出的危险性森林病、虫。对检疫合格的，发给《植物检疫证书》；对发现森检对象、补充森检对象或者危险性森林病、虫的，发给《检疫处理通知单》，责令托运人在指定地点进行除害处理，合格后发给《植物检疫证书》；对无法进行彻底除害处理的，应当停止调运，责令改变用途、控制使用或者就地销毁。

第十八条 森检机构从受理调运检疫申请之日起，应当于十五日内实施检疫并核发检疫单证。情况特殊的经省、自治区、直辖市林业主管部门批准，可以延长十五日。

第十九条 调运检疫时，森检机构对可能被森检对象、补充森检对象或者检疫要求中的危险性森林病、虫污染的包装材料、运载工具、场地、仓库等也应实施检疫。如已被污染，托运人应按森检机构的要求进行除害处理。

因实施检疫发生的车船停留、货物搬运、开拆、取样、储存、消毒处理等费用，由托运人承担。复检时发现森检对象、补充森检对象或者检疫要求中的危险性森林病、虫的，除害处理费用由收货人承担。

第二十条 调运应施检疫的森林植物及其产品时，《植物检疫证书》（正本）应当交给交通运输部门或者邮政部门随货运寄，由收货人保存备查。

第二十一条 未取得《植物检疫证书》调运应施检疫的森林植物及其产品的，森检机构应当进行补检，在调运途中被发现的，向托运人收取补检费；在调入地被发现的，向收货人收取补检费。

第二十二条 对省际间发生的森检技术纠纷，由有关省、自治区、直辖市森检机构协商解决；协商解决不了的，报林业部指定的单位或者专家认定。

第二十三条 从国外引进林木种子、苗木和其他繁殖材料，引进单位或者个人应当向所在地的省、自治区、直辖市森检机构提出申请，填写《引进林木种子、苗木和其他繁殖材料检疫审批单》，办理引种检疫审批手续；国务院有关部门所属的在京单位从国外引进林木种子、苗木和其他繁殖材料时，应当向林业部森检管理机构或者其指定的森检单位申请办理检疫审批手续。引进后需要分散到省、自治区、直辖市种植的，应当在申请办理引种检疫审批手续前征得分散种植地所在省、自治区、直辖市森检机构的同意。

引进单位或者个人应当在有关的合同或者协议中订明审批的检疫要求。

森检机构应当在收到引进申请后三十日内按林业部有关规定进行审批。

第二十四条 从国外引进的林木种子、苗木和其他繁殖材料，有关单位或者个人应当按照审批机关确认的地点和措施进行种植。对可能潜伏有危险性森林病、虫的，一年生植物必须隔离试种一个生长周期，多年生植物至少隔离试种二年以上。经省、自治区、直辖市森检机构检疫，证明确实不带危险性森林病、虫的，方可分散种植。

第二十五条 对森检对象的研究，不得在该森检对象的非疫情发生区进行。因教学、科研需要在非疫情发生区进行时，属于林业部规定的森检对象须经林业部批准，属于省、自治区、直辖市规定的森检对象须经省、自治区、直辖市林业主管部门批准，并应采取严密措施防止扩散。

第二十六条 森检机构收取的检疫费只能用于宣传教育、业务培训、检疫工作补助、临时工工资，购置和维修检疫实验用品、通讯和仪器设备等森检事业，不得挪作他用。

第二十七条 按照《植物检疫条例》第十六条的规定，进行疫情调查和采取消灭措施所需的紧急防治费和补助费，由省、自治区、直辖市在每年的农村造林和林木保护补助费中安排。

第二十八条 各级林业主管部门应当根据森检工作的需要，建设检疫检验室、除害处理设施、检疫隔离试种苗圃等设施。

第二十九条 有下列成绩之一的单位和个人，由人民政府或者林业主管部门给予奖励；

（一）与违反森检法规行为作斗争事迹突出的；

（二）在封锁、消灭森检对象工作中有显著成绩的；

（三）在森检技术研究和推广工作中获得重大成果或者显著效益的；

（四）防止危险性森林病、虫传播蔓延作出重要贡献的。

第三十条 有下列行为之一的，森检机构应当责令纠正，可以处以 50 元至 2000 元罚款；造成损失的，应当责令赔偿；构成犯罪的，由司法机关依法追究刑事责任：

（一）未依照规定办理《植物检疫证书》或者在报检过程中弄虚作假的；

（二）伪造、涂改、买卖、转让植物检疫单证、印章、标志、封识的；

（三）未依照规定调运、隔离试种或者生产应施检疫的森林植物及其产品的；

（四）违反规定，擅自开拆森林植物及其产品的包装，调换森林植物及其产品，或者擅自改变森林植物及其产品的规定用途的；

（五）违反规定，引起疫情扩散的。

有前款第（一）、（二）、（三）、（四）项所列情形之一尚不构成犯罪的，森检机构可以没收非法所得。

对违反规定调运的森林植物及其产品，森检机构有权予以封存、没收、销毁或者责令改变用途。销毁所需费用由责任人承担。

第三十一条 森检人员在工作中徇私舞弊、玩忽职守造成重大损失的，由其所在单位或者上级主管机关给予行政处分；构成犯罪的，由司法机关依法追究刑事责任。

第三十二条 当事人对森检机构的行政处罚决定不服的，可以自接到处罚通知书之日起十五日内，向作出行政处罚决定的森检机构的上级机构申请复议；对复议决定不服的，可以自接到复议决定书之日起十五日内向人民法院提起诉讼，当事人逾期不申请复议或者不起诉又不履行行政处罚决定的，森检机构可以申请人民法院强制执行或者依法强制执行。

第三十三条　本细则中规定的《植物检疫证书》、《产地检疫合格证》、《检疫处理通知单》、《森林植物检疫员证》和《引进林木种子、苗木和其他繁殖材料检疫审批单》等检疫单证的格式，由林业部制定。

第三十四条　本细则由林业部负责解释。

第三十五条　本细则自发布之日起施行。1984年9月17日林业部发布的《〈植物检疫条例〉实施细则（林业部分）》同时废止。

植物检疫条例实施细则（农业部分）

（一九九五年二月二十五日农业部发布；根据一九九七年十二月二十五日农业部令第39号修订）

第一章 总 则

第一条 根据《植物检疫条例》第二十三条的规定，制定本细则。

第二条 本细则适用于国内农业植物检疫，不包括林业和进出境植物检疫。

第三条 农业部主管全国农业植物检疫工作，其执行机构是所属的植物检疫机构；各省、自治区、直辖市农业主管部门主管本地区的农业植物检疫工作；县级以上地方各级农业主管部门所属的植物检疫机构负责执行本地区的植物检疫任务。

第四条 各级植物检疫机构的职责范围：

（一）农业部所属植物检疫机构的主要职责：

1. 提出有关植物检疫法规、规章及检疫工作长远规划的建议；

2. 贯彻执行《植物检疫条例》，协助解决执行中出现的问题；

3. 调查研究和总结推广植物检疫工作经验，汇编全国植物检疫资料，拟定全国重点植物检疫对象的普查、疫区划定、封锁和防治消灭措施的实施方案；

4. 负责国外引进种子、苗木和其他繁殖材料（国家禁止进境的除外）的检疫审批；

5. 组织植物检疫技术的研究和示范；

6. 培训、管理植物检疫干部及技术人员。

（二）省级植物检疫机构的主要职责：

1. 贯彻《植物检疫条例》及国家发布的各项植物检疫法令、规章制度，制定本省的实施计划和措施；

2. 检查并指导地、县级植物检疫机构的工作；

3. 拟订本省的《植物检疫实施办法》、《补充的植物检疫对象及应施检疫的植物、植物产品名单》和其他植物检疫规章制度；

4. 拟订省内划定疫区和保护区的方案，提出全省检疫对象的普查、封锁和控制消灭措施，组织开展植物检疫技术的研究和推广；

5. 培训、管理地、县级检疫干部和技术人员，总结、交流检疫工作经验，汇编检疫技术资料；

6. 签发植物检疫证书，承办授权范围内的国外引种检疫审批和省间调运应施检疫的植物、植物产品的检疫手续，监督检查引种单位进行消毒处理和隔离试种；

7. 在车站、机场、港口、仓库及其他有关场所执行植物检疫任务。

（三）地（市）、县级植物检疫机构的主要职责：

1. 贯彻《植物检疫条例》及国家、地方各级政府发布的植物检疫法令和规章制度，向基层干部和农民宣传普及检疫知识；

2. 拟订和实施当地的植物检疫工作计划；

3. 开展检疫对象调查，编制当地的检疫对象分布资料，负责检疫对象的封锁、控制和消灭工作；

4. 在种子、苗木和其他繁殖材料的繁育基地执行产地检疫。按照规定承办应施检疫的植物、植物产品的调运检疫手续。对调入的应施检疫的植物、植物产品，必要时进行复检。监督和指导引种单位进行消毒处理和隔离试种；

5. 监督指导有关部门建立无检疫对象的种子、苗木繁育、生产基地；

6. 在当地车站、机场、港口、仓库及其他有关场所执行植物检疫任务。

第五条 各级植物检疫机构必须配备一定数量的专职植物检疫人员，并逐步建立健全相应的检疫实验室和检验室。

专职植物检疫员应当是具有助理农艺师以上技术职务、或者虽无技术职务而具有中等专业学历、从事植保工作三年以上的技术人员，并经培训考核合格，由省级农业主管部门批准，报农业部备案后，发给专职植物检疫员证。各级植物检疫机构可根据工作需要，在种苗繁育、生产及科研等有关单位聘请兼职植物检疫员或特邀植物检疫员协助开展工作。兼职检疫员由所在单位推荐，经聘请单位审查合格后，发给聘书。

省级植物检疫机构应充实、健全植物检疫实验室，地（市）、县级植物检疫机构应根据情况逐步建立健全检验室，按照《植物检疫操作规程》进行检验，为植物检疫签证提供科学依据。

第六条 植物检疫证书的签发：

（一）省间调运种子、苗木等繁殖材料及其他应施检疫的植物、植物产品，由省级植物检疫机构及其授权的地（市）、县级植物检疫机构签发植物检疫证书；省内种子、苗木及其他应施检疫的植物、植物产品的调运，由地（市）、县级植物检疫机构签发检疫证书。

（二）植物检疫证书应加盖签证机关植物检疫专用章，并由专职植物检疫员署名签发；授权签发的省间调运植物检疫证书还应当盖有省级植物检疫机构的植物检疫专用章。

（三）植物检疫证书式样由农业部统一制定。证书一式四份，正本一份，副本三份。正本交货主随货单寄运，副本一份由货主交收寄、托运单位留存，一份交收货单位或个人所在地（县）植物检疫机构（省间调运寄给调入省植物检疫机构），一份留签证的植物检疫机构。

第七条 植物检疫人员着装办法以及服装、标志式样等由农业部、财政部统一制定。

第二章 检疫范围

第八条 农业植物检疫范围包括粮、棉、油、麻、桑、茶、糖、菜、烟、果（干果除外）、药材、花卉、牧草、绿肥、热带作物等植物、植物的各部分，包括种子、块根、块茎、球茎、鳞茎、接穗、砧木、试管苗、细胞繁殖体等繁殖材料，以及来源于上述植物、未经加工或者虽经加工但仍有可能传播疫情的植物产品。

全国植物检疫对象和应施检疫的植物、植物产品名单，由农业部统一制定；各省、自治区、直辖市补充的植物检疫对象和应施检疫的植物、植物产品名单，由各省、自治区、直辖市农业主管部门制定，并报农业部备案。

第九条 根据《植物检疫条例》第七条和第八条第三款的规定，省间调运植物、植物产品，属于下列情况的必须实施检疫：

（一）凡种子、苗木和其他繁殖材料，不论是否列入应施检疫的植物、植物产品名单和运往何地，在调运之前，都必须经过检疫；

（二）列入全国和省、自治区、直辖市应施检疫的植物、植物产品名单的植物产品，运出发生疫情的县级行政区域之前，必须经过检疫；

（三）对可能受疫情污染的包装材料、运载工具、场地、仓库等也应实施检疫。

第三章 植物检疫对象的划区、控制和消灭

第十条 各级植物检疫机构对本辖区的植物检疫对象原则上每

隔3—5年调查一次，重点对象要每年调查。根据调查结果编制检疫对象分布资料，并报上一级植物检疫机构。

农业部编制全国农业植物检疫对象分布至县的资料，各省、自治区、直辖市编制分布至乡的资料，并报农业部备案。

第十一条 全国植物检疫对象、国外新传入和国内突发性的危险性病、虫、杂草的疫情，由农业部发布；各省、自治区、直辖市补充的植物检疫对象的疫情，由各省、自治区、直辖市农业主管部门发布，并报农业部备案。

第十二条 划定疫区和保护区，要同时制定相应的封锁、控制、消灭或保护措施。在发生疫情的地区，植物检疫机构可以按照《植物检疫条例》第五条第三款的规定，派人参加道路联合检查站或者经省、自治区、直辖市人民政府批准，设立植物检疫检查站，开展植物检疫工作。各省、自治区、直辖市植物检疫机构应当就本辖区内设立或者撤销的植物检疫检查站名称、地点等报农业部备案。

疫区内的种子、苗木及其他繁殖材料和应施检疫的植物、植物产品，只限在疫区内种植、使用，禁止运出疫区；如因特殊情况需要运出疫区的，必须事先征得所在地省级植物检疫机构批准，调出省外的，应经农业部批准。

第十三条 疫区内的检疫对象，在达到基本消灭或已取得控制蔓延的有效办法以后，应按照疫区划定时的程序，办理撤销手续，经批准后明文公布。

第四章 调运检疫

第十四条 根据《植物检疫条例》第九条和第十条规定，省间调运应施检疫的植物、植物产品，按照下列程序实施检疫：

（一）调入单位或个人必须事先征得所在地的省、自治区、直辖市植物检疫机构或其授权的地（市）、县级植物检疫机构同意，并取得检疫要求书；

（二）调出地的省、自治区、直辖市植物检疫机构或其授权的当地植物检疫机构，凭调出单位或个人提供的调入地检疫要求书受理报检，并实施检疫；

（三）邮寄、承运单位一律凭有效的植物检疫证书正本收寄、承运应施检疫的植物、植物产品。

第十五条 调出单位所在地的省、自治区、直辖市植物检疫机构或其授权的地（市）、县级植物检疫机构，按下列不同情况签发植物检疫证书：

（一）在无植物检疫对象发生地区调运植物、植物产品，经核实后签发植物检疫证书；

（二）在零星发生植物检疫对象的地区调运种子、苗木等繁殖材料时，应凭产地检疫合格证签发植物检疫证书；

（三）对产地植物检疫对象发生情况不清楚的植物、植物产品，必须按照《调运检疫操作规程》进行检疫，证明不带植物检疫对象后，签发植物检疫证书。

在上述调运检疫过程中，发现有检疫对象时，必须严格进行除害处理，合格后，签发植物检疫证书；未经除害处理或处理不合格的，不准放行。

第十六条 调入地植物检疫机构，对来自发生疫情的县级行政区域的应检植物、植物产品，或者其他可能带有检疫对象的应检植物、植物产品可以进行复检。复检中发现问题的，应当与原签证植物检疫机构共同查清事实，分清责任，由复检的植物检疫机构按照《植物检疫条例》的规定予以处理。

第五章　产地检疫

第十七条　各级植物检疫机构对本辖区的原种场、良种场、苗圃以及其他繁育基地，按照国家和地方制定的《植物检疫操作规程》实施产地检疫，有关单位或个人应给予必要的配合和协助。

第十八条　种苗繁育单位或个人必须有计划地在无植物检疫对象分布的地区建立种苗繁育基地。新建的良种场、原种场、苗圃等，在选址以前，应征求当地植物检疫机构的意见；植物检疫机构应帮助种苗繁育单位选择符合检疫要求的地方建立繁育基地。

已经发生检疫对象的良种场、原种场、苗圃等，应立即采取有效措施封锁消灭。在检疫对象未消灭以前，所繁育的材料不准调入无病区；经过严格除害处理并经植物检疫机构检疫合格的，可以调运。

第十九条　试验、示范、推广的种子、苗木和其他繁殖材料，必须事先经过植物检疫机构检疫，查明确实不带植物检疫对象的，发给植物检疫证书后，方可进行试验、示范和推广。

第六章　国外引种检疫

第二十条　从国外引进种子、苗木和其他繁殖材料（国家禁止进境的除外），实行农业部和省、自治区、直辖市农业主管部门两级审批。

种苗的引进单位或者代理进口单位应当在对外签订贸易合同、协议 30 日前向种苗种植地的省、自治区、直辖市植物检疫机构提出申请，办理国外引种检疫审批手续。引种数量较大的，由种苗种植地的省、自治区、直辖市植物检疫机构审核并签署意见后，报农业部农业司或其授权单位审批。

国务院有关部门所属的在京单位、驻京部队单位、外国驻京机构等引种，应当在对外签订贸易合同、协议 30 日前向农业部农业司或其授权单位提出申请，办理国外引种检疫审批手续。

国外引种检疫审批管理办法由农业部另行制定。

第二十一条　从国外引进种子、苗木等繁殖材料，必须符合下列检疫要求：

（一）引进种子、苗木和其他繁殖材料的单位或者代理单位必须在对外贸易合同或者协议中订明中国法定的检疫要求，并订明输出国家或者地区政府植物检疫机关出具检疫证书，证明符合中国的检疫要求。

（二）引进单位在申请引种前，应当安排好试种计划。引进后，必须在指定的地点集中进行隔离试种，隔离试种的时间，一年生作物不得少于一个生育周期，多年生作物不得少于二年。

在隔离试种期内，经当地植物检疫机关检疫，证明确实不带检疫对象的，方可分散种植。如发现检疫对象或者其他危险性病、虫、杂草，应认真按植物检疫机构的意见处理。

第二十二条　各省、自治区、直辖市农业主管部门应根据需要逐步建立植物检疫隔离试种场（圃）。

第七章　奖励和处罚

第二十三条　凡执行《植物检疫条例》有下列突出成绩之一的单位和个人，由农业部、各省、自治区、直辖市人民政府或者农业主管部门给予奖励。

（一）在开展植物检疫对象和危险性病、虫、杂草普查方面有显著成绩的；

（二）在植物检疫对象的封锁、控制、消灭方面有显著成绩的；

（三）在积极宣传和模范执行《植物检疫条例》、植物检疫规章制度、与违反《植物检疫条例》行为作斗争等方面成绩突出的；

（四）在植物检疫技术的研究和应用上有重大突破的；

（五）铁路、交通、邮政、民航等部门和当地植物检疫机构密切配合，贯彻执行《植物检疫条例》成绩显著的。

第二十四条 有下列违法行为之一，尚未构成犯罪的，由植物检疫机构处以罚款：

（一）在报检过程中故意谎报受检物品种类、品种，隐瞒受检物品数量、受检作物面积，提供虚假证明材料的；

（二）在调运过程中擅自开拆检讫的植物、植物产品，调换或者夹带其他未经检疫的植物、植物产品，或者擅自将非种用植物、植物产品作种用的；

（三）伪造、涂改、买卖、转让植物检疫单证、印章、标志、封识的；

（四）违反《植物检疫条例》第七条、第八条第一款、第十条规定之一，擅自调运植物、植物产品的；

（五）违反《植物检疫条例》第十一条规定，试验、生产、推广带有植物检疫对象的种子、苗木和其他繁殖材料，或者违反《植物检疫条例》第十三条规定，未经批准在非疫区进行检疫对象活体试验研究的；

（六）违反《植物检疫条例》第十二条第二款规定，不在指定地点种植或者不按要求隔离试种，或者隔离试种期间擅自分散种子、苗木和其他繁殖材料的。

罚款按以下标准执行：

对于非经营活动中的违法行为，处以 1000 元以下罚款；对于经营活动中的违法行为，有违法所得的，处以违法所得3倍以下罚款，但最高不得超过30000元；没有违法所得的，处以10000元以下罚款。

有本条第一款（二）、（三）、（四）、（五）、（六）项违法行为之一，引起疫情扩散的，责令当事人销毁或者除害处理。

有本条第一款违法行为之一，造成损失的，植物检疫机构可以责令其赔偿损失。

有本条第一款（二）、（三）、（四）、（五）、（六）项违法行为之一，以营利为目的的，植物检疫机构可以没收当事人的非法所得。

第二十五条　当事人对植物检疫机构的行政处罚决定不服的，可以自接到处罚决定通知书之日起15日内，向做出处罚决定的植物检疫机构的上一级机构申请复议。对复议决定不服的，可以自接到复议决定书之日起15日内向人民法院提起诉讼。当事人逾期不申请复议或者不起诉又不履行行政处罚决定的，植物检疫机构可以申请人民法院强制执行或者依法强制执行。

第八章　附　则

第二十六条　国内植物检疫收费办法由农业部、财政部、国家物价局统一制定。

第二十七条　本实施细则所称"以上"、"以下"，均包括本数在内。

本实施细则所称"疫情"，是指全国植物检疫对象、各省、自治区、直辖市补充的植物检疫对象、国外新传入的和国内突发性的危险性病、虫、杂草以及植物检疫对象和危险性病虫杂草的发生、分布情况。

第二十八条 植物检疫规章和规范性文件的制定，必须以国务院发布的《植物检疫条例》为准，任何与《植物检疫条例》相违背的规章和规范性文件，均属无效。

第二十九条 本实施细则由农业部负责解释。

第三十条 本实施细则自公布之日起施行。1983 年 10 月 20 日农牧渔业部发布的《植物检疫条例实施细则（农业部分）》同时废止。

附 录

农业植物疫情报告与发布管理办法

中华人民共和国农业部令

2010 年第 4 号

《农业植物疫情报告与发布管理办法》已经 2010 年 1 月 4 日农业部第 1 次常务会议审议通过，现予发布，自 2010 年 3 月 1 日起施行。

农业部部长

二〇一〇一月十八日

第一章 总 则

第一条 为加强农业植物疫情管理，规范疫情报告与发布工作，根据《植物检疫条例》，制定本办法。

第二条 本办法所称农业植物疫情，是指全国农业植物检疫性有害生物、各省（自治区、直辖市）补充的农业植物检疫性有害生物、境外新传入或境内新发现的潜在的农业植物检疫性有害生物的发生情况。

第三条 农业部主管全国农业植物疫情报告与发布工作。

县级以上地方人民政府农业行政主管部门按照职责分工，主管本行政区域内的农业植物疫情报告与发布工作。

县级以上人民政府农业行政主管部门所属的植物检疫机构负责农业植物疫情报告与发布的具体工作。

第四条 农业植物疫情报告与发布，应当遵循依法、科学、及时的原则。

第二章 农业植物疫情报告

第五条 县级以上植物检疫机构负责监测、调查本行政区域内的农业植物疫情，并向社会公布农业植物疫情报告联系方式。

第六条 有下列情形之一的，市（地）、县级植物检疫机构应当在 12 小时内报告省级植物检疫机构，省级植物检疫机构经核实后，应当在 12 小时内报告农业部所属的植物检疫机构，农业部所属的植物检疫机构应当在 12 小时内报告农业部：

（一）在本行政区域内发现境外新传入或境内新发现的潜在的农业植物检疫性有害生物；

（二）全国农业植物检疫性有害生物在本行政区域内新发现或暴发流行；

（三）经确认已经扑灭的全国农业植物检疫性有害生物在本行政区域内再次发生。

前款有害生物发生对农业生产构成重大威胁的，农业部依据有关规定及时报告国务院。

第七条 省级植物检疫机构应当于每月 5 日前，向农业部所属的植物检疫机构汇总报告上一个月本行政区域内全国农业植物检疫性有害生物、境外新传入或境内新发现的潜在的农业植物检疫性有害生物的发生及处置情况，农业部所属的植物检疫机构应当于每月

10 日前将各省汇总情况报告农业部。

第八条 省级植物检疫机构应当于每年 1 月 10 日前，向农业部所属的植物检疫机构报告本行政区域内上一年度农业植物疫情的发生和处置情况，农业部所属的植物检疫机构应当于每年 1 月 20 日前将各省汇总情况报告农业部。

第九条 县级以上地方植物检疫机构依照本办法第六条、第七条、第八条的规定报告农业植物疫情时，应当同时报告本级人民政府农业行政主管部门。

对于境外新传入或境内新发现的潜在的农业植物检疫性有害生物疫情，疫情发生地的农业行政主管部门应当提请同级人民政府依法采取必要的处置措施。

第十条 境外新传入或境内新发现的潜在的农业植物检疫性有害生物疫情的报告内容，应当包括有害生物的名称、寄主、发现时间、地点、分布、危害、可能的传播途径以及应急处置措施。

其他农业植物疫情的报告内容，应当包括有害生物名称、疫情涉及的县级行政区、发生面积、危害程度以及疫情处置措施。

第十一条 农业植物疫情被扑灭的，由县级以上地方植物检疫机构按照农业植物疫情报告程序申请解除。

第三章　农业植物疫情通报与发布

第十二条 农业部及时向国务院有关部门和各省（自治区、直辖市）人民政府农业行政主管部门通报从境外新传入或境内新发现的潜在的农业植物检疫性有害生物疫情。

第十三条 全国农业植物检疫性有害生物及其首次发生和疫情解除情况，由农业部发布。

第十四条 下列农业植物疫情由省级人民政府农业行政主管部

门发布，并报农业部备案：

（一）省（自治区、直辖市）补充的农业植物检疫性有害生物及其发生、疫情解除情况；

（二）农业部已发布的全国农业植物检疫性有害生物在本行政区域内的发生及处置情况。

第十五条　农业植物疫情发生地的市（地）、县级农业行政主管部门及其所属的植物检疫机构应当在农业部或省级人民政府农业行政主管部门发布疫情后，及时向社会通告相关疫情在本行政区域内发生的具体情况，指导有关单位和个人开展防控工作。

第十六条　农业部和省级人民政府农业行政主管部门以外的其他单位和个人不得以任何形式发布农业植物疫情。

第四章　附　则

第十七条　违反本办法的，依据《植物检疫条例》和相关法律法规给予处罚。

第十八条　本办法自 2010 年 3 月 1 日起施行。

引进林木种子、苗木检疫审批与监管规定

林造发〔2013〕218号

第一章 总 则

第一条 为了规范从国外（含境外，下同）引进林木种子、苗木的检疫管理，有效防止外来有害生物入侵，保护我国的国土生态安全、经济贸易安全，根据《行政许可法》、《森林法》、《种子法》、《植物检疫条例》、《植物检疫条例实施细则（林业部分）》的相关规定，制定本规定。

第二条 凡从国外引进林木种子、苗木（以下简称"林木引种"）的检疫申请、受理、审批和监督管理，适用本规定。

第三条 本规定所称林木种子、苗木，是指林木的种植材料或者繁殖材料，包括籽粒、果实和根、茎、苗、芽、叶等，绿化、水土保持用的草种，以及省、自治区、直辖市人民政府已经规定由林业行政主管部门管理的种类。

第四条 国家林业局负责全国林木引种的检疫管理，各省级林业行政主管部门负责本辖区林木引种的检疫管理，其所属的植物检疫机构负责执行林木引种检疫审批和监管任务。

国家林业局和各省级林业行政主管部门应当推行网上申报、审批管理，构建林木引种可追溯监管平台，建立和完善报检员制度、检疫备案制度，提高林木引种检疫审批工作效率和信息化水平。

第五条 林木引种检疫管理工作坚持公开透明、加强事中事后监管、落实责任主体、服务社会经济发展的原则，实行引种风险管理和种植地属地监管制度。

第六条 林木引种检疫管理工作应当加强与农业、质检等部门的沟通和协作；鼓励行业协会等社团组织参与有关工作，支持规范、诚信、创新型企业发展；服务国家和地方社会经济发展。

第二章　检疫申请

第七条 除草种和暂免隔离试种植物种类以外，引进的其他种类均应当进行隔离试种。引进需要隔离试种种类的申请人，应当具有国家认定的普及型国外引种试种苗圃资格的种植地。属于科研引种或者政府、团体、科研、教学部门交换、交流引种但不具备上述种植条件的申请人，引进的林木种子、苗木应当种植在达到国家林业局国外引种隔离试种苗圃认定条件的种植地。

第八条 国务院有关部门所属的在京单位向国家林业局提出林木引种检疫申请。其他申请林木引种的单位或者个人（以下简称"申请人"）申请引进需要隔离试种的种类时，应当向隔离试种地的省级林业行政主管部门所属的植物检疫机构提出林木引种检疫申请；引进不需要隔离试种的种类时，应当向申请人所在地省级林业行政主管部门所属的植物检疫机构提出林木引种检疫申请。

第九条 林木引种实行"谁申请谁负责"的责任制度。申请人负责提交申请材料，并对其真实性负责。

第十条 申请人申请林木引种时，除提交《引进林木种子、苗木检疫审批申请表》以外，还应当根据以下情况，提交相应的材料：

（一）属于经营性引种的，申请人应当提交林木种苗进出口经营资格的证明材料；

（二）属于科研引种以及政府、团体、科研、教学部门交流、交换引种的，申请人应当提交科研项目任务书、合同、协议书、隔离措施等材料；

（三）属于展览引种的，申请人应当提交展会批准文件、展览期间的管理措施、展览结束后的处理措施，以及展览区域安全性评定等材料；

（四）属于首次申请引种的和每年第一次申请引种的，申请人应当出示企业法人营业执照或者个人身份证并提交复印件；

（五）属于国内首次引种以及国内、省内首次引种国家和地区的，为便于及时准确进行审批，申请人可提供拟引进种类在原产地的有害生物发生危害情况的材料；在首次引种隔离试种期满后，申请人应当提交首次引种的疫情监测情况的材料。隔离试种成功后，申请人方可再次引进同一种类。

第十一条　根据申请引进种类的不同，申请人还应当符合下列相应要求：

（一）引进需要隔离试种种类的，申请人申请引进的种类、数量应当与隔离试种地的试种条件、试种能力一致，严禁超试种条件、试种能力申请引种；

（二）引进不需要隔离试种种类的，除检验检疫的原因不能按时提交外，申请人应当在申请种类入境后 30 天内，向负责审批的植物检疫机构提交出入境检验检疫机构出具的入境货物检验检疫证明的材料；

（三）引进草种的，申请人在引进并确定种植地点后 30 天内，应当向负责审批的植物检疫机构提交种植地点、种植数量、种植类型、种植人及其联系方式等信息的材料，核销每批次引进种类的数量。每批次引进的草种应当在 8 个月内核销完；

（四）引进除草种以外的其他种类的，引进种类在到达国内并通关后 7 天内，申请人应当以书面等形式向负责审批的植物检疫机构提交引进回执，核销每批次引进种类的数量。

第十二条 申请人应当在签订的贸易合同、协议中订明中国法定的检疫要求，并订明输出国家或者地区政府植物检疫机关出具检疫证书，证明符合中国的检疫要求。

第三章 受理与审批

第十三条 负责审批的植物检疫机构应当根据行政许可有关法律法规规定和职权范围，对申请人提交的申请做出受理或者不予受理决定。对申请材料齐全、符合规定形式，或者申请人按照要求提交全部补正申请材料的，应当予以受理；对申请材料不齐全或者不符合有关规定要求的，应当当场或者在五日内一次性告知申请人需要补正的全部内容。

第十四条 负责审批的植物检疫机构应当对受理的检疫申请材料进行审查。

（一）申请材料齐全、符合规定要求的，应当自受理申请之日起，在二十个工作日内作出审批决定，并签发《国外引进林木种子、苗木检疫审批单》（以下简称"检疫审批单"）。检疫审批单批准的有效期限为 3 个月，特殊情况的可适当延长，但最长不得超过 6 个月。在二十个工作日内不能作出决定的，经植物检疫机构负责人批准后，可延长十日；

（二）需要对申请材料的实质内容进行现场核实的，应当出具现场核查通知书并指派两名以上工作人员进行核查。现场核查的时间不计算在本条第一项规定的时间内；

（三）植物检疫机构应当逐步减少引进用于土壤直接种植草皮草种的审批，按照每年递减 20% 的比例，5 年后不再审批此类草种的引进。

第十五条 国家实行林木引种风险管理制度。属于以下一种或多种情况的，由国家林业局组织开展风险评估：

（一）国内首次引进或者首次引种国家和地区的；

（二）国内有关部门或者国际有关组织已发布相关疫情警示和引种要求的，或者已确定拟引种国家发生相关重大植物疫情的；

（三）科研以及政府、团体、科研、教学部门交流、交换引种的；

（四）国内无法确定风险但经实地调研确需引进的。属于此类情况的，应当实施基于国外引种地风险查定的风险评估工作。风险查定的有关情况在国家林业局网站上公布；

（五）需带土引进的。国家原则上禁止审批该类引种事项。确需带土引进的，应当经国外引种地风险查定合格，通过专家全面评定，具备严格、可行的监管措施，并商国家质量监督检验检疫总局后开展；

（六）除上述情况以外，引进超过有关文件中单次和年度引进数量的。

省级植物检疫机构审查到上述申请引进种类时，应当出具风险评估通知书，并告知申请人需报国家林业局进行风险评估；应当按照程序审核后报国家林业局进行风险评估，并根据风险评估结果依法做出行政许可决定。

国家和地方政府为发展社会经济需要确需引进经风险评估为风险特别大的种类，并且拟种植地县级以上地方政府做出负责监管和承担引进风险与疫情除治承诺、明确政府有关责任人的，可经国外引种地风险查定合格，在国家林业局确定的种植地内进行试种引种。

第十六条 属于国内已进行过引种，但拟引种种植地所在省级行政区没有引进过的，由省级植物检疫机构组织开展风险评估。

第十七条 申请引进种类属于第十五条第一、二、四、五项的，负责审批的植物检疫机构应当书面通知申请人，在申请人书面反馈需要风险评估或者引种地风险查定意见后，组织开展风险评估或者引种地风险查定。风险评估和风险查定的时间不计算在第十四条第一项规定的时间内。其中，风险评估时间一般控制在 3 个月以内；风险查定的时间一般控制在 1 年以内。

负责审批的植物检疫机构在确定可以引进第十五条第一、二、三项的种类后，首次审批时，审批数量一般为 10 株以内或相当于 10 株以内的数量。

第十八条 负责审批的植物检疫机构应当根据引进种类的不同，确定每批次引进种类的隔离试种方式和时限、监管单位及其联系方式；根据隔离试种条件和试种能力确定引种种类和引种数量。其中，隔离试种方式和时限应当按照以下规定进行确定：

（一）属于引进第十五条第一、二、三项的和第十六条情况的，应当全部进行隔离试种。其中，一年生植物不得少于 1 个生长周期，多年生植物不得少于 2 年；

（二）引进乔木、灌木、竹、藤等种类的，应当全部进行隔离试种，时间不得少于 6 个月。其中，属于实施引种地风险查定并用于经营性种植的种类，可在有害生物发生季节隔离试种期满 3 个月后，向所在地的省级植物检疫机构申请检疫，经检疫合格后可进行分散种植。分散种植时，申请人应当向所在省的省级植物检疫机构提供分散种植地点，并负责在分散种植后一年内，每季度报告一次疫情监测情况；属于实施引种地风险查定并用于生产性种植的种类，不得进行分散种植；

（三）引进花卉、药用植物、种球、营养繁殖苗等种类的（暂免隔离试种种类除外），应当进行抽样隔离试种，时间不得少于 1—4 周，抽样比例为每批次引进数量的 0.5%—5%，抽样数量最低不得少于 100 件，不足 100 件的应当全部隔离试种。

第十九条 申请人需要延续检疫审批单时，应当在有效期限届满前 30 日内提出延续申请。审批单有效期限届满没有进行延续的，审批单自动作废。已逾有效期限或者需要变更引进种类、类型、数量、用途、引种地、输出国、供货商、种植地点等审批信息的，申请人应当重新办理检疫审批手续。获批准而没有引进的，申请人应当在有效期届满后 7 天内将审批单退回受理申请的植物检疫机构。实际引进数量与审批数量不一致的，申请人应当在引进种类到达国内并通关后的 7 天内，向受理申请的植物检疫机构报告。

第二十条 省级植物检疫机构应当在每年 1 月 31 日前，将本省上年度检疫审批情况及签发的检疫审批单据报送国家林业局。

第二十一条 检疫审批单由国家林业局统一印制。暂免隔离试种植物种类名单、风险管理表由国家林业局根据社会经济发展水平、检疫监管能力、国内外有害生物发生危害情况，以及林木引种的实际情况进行调整和修订。

第四章 检疫监管

第二十二条 县级以上地方各级林业植物检疫机构负责本辖区内引进种类的监管。

负责审批的省级林业植物检疫机构不能对审批引进的种类实施监管时，应当及时确定委托监管单位，并发送委托监管通知书，杜绝无监管主体的情况发生。

国家林业局采取定期和不定期抽查方式，对各地林木引种检疫审批和监管工作进行检查。

第二十三条 国外林木引种隔离试种苗圃除具备国家林业局已规定的认定条件外，还应当具备以下条件：

（一）种植地为独立苗圃，周围环境和隔离设施设备建设情况达到防止有害生物自然传播和及时有效进行除害处理的隔离种植要求，并通过生产、管理、科研等单位专家的论证；

（二）具有监控设备、危险物品存放警示标志、苗圃进出入口车辆消毒池、温室进出入口缓冲隔离间和进出风口隔离控制装置等设施设备；

（三）从事经营性引进种植的，应当具有林木种苗进出口贸易资格的《林木种子经营许可证》。

国外林木引种隔离试种苗圃资格证书的有效期为 3 年。隔离试种苗圃应当建立和完善隔离试种档案。档案应当包括种植地基本情况、每批次引进种类的隔离试种情况（试种种类、数量和隔离时间等）、有害生物疫情监测和防治情况、出圃时的检疫情况，以及隔离试种种类的出圃批次、时间、数量、去向等。

第二十四条 负责审批的植物检疫机构在收到申请人提交的林木引种回执后，应当实施或者通知委托监管单位实施监管。

（一）监管单位应当定期对隔离试种地进行检查，发现未按规定进行隔离试种以及隔离试种地不符合规定条件的，应当立即向负责审批的植物检疫机构报告，并按照有关规定进行处理。

（二）隔离试种的种类需要分散种植时，申请人应当向种植地的县级以上植物检疫机构申请检疫，检疫合格并取得植物检疫证书后方可分散种植。

（三）省级植物检疫机构应当每年对隔离试种地有害生物发生情况、隔离试种条件、隔离后的分散种植情况等进行定期和不定期的调查和检查，并在每年 1 月 31 日前，将本省上年度调查和检查情况报送国家林业局。

第二十五条 申请人应当在每年 12 月 31 日前，将本年度引进种类的疫情监测情况报告给所在地省级植物检疫机构。

第二十六条 申请人在引种种植地发现疫情时，应当迅速报告给所在地省级植物检疫机构。申请人应当立即停止移植或者销售活动，并在植物检疫机构的指导和监督下，及时采取封锁、控制和扑灭等措施，严防疫情扩散。因申请人引种种植造成的疫情，实施疫情除治的费用和造成的损失由申请人承担和赔偿。在发现疫情前已经移植和销售的，应当在植物检疫机构的监督下，限期及时追回。

第五章　有关责任

第二十七条 林木引种检疫审批和监管人员违反本规定，有下列情形之一的，视情节由其上级行政机关或者监察机关责令改正，或者依法给予行政处分；构成犯罪的，依法追究刑事责任：

（一）违反本规定进行审批和监管的；

（二）审批国家禁止引进或者经风险评估确定不能引进的林木种子、苗木；

（三）索取或者收受他人财物或者谋取其他利益的；

（四）违反法律法规规定的其他行为。

第二十八条 申请人存在以下行为之一的，负责审批的植物检疫机构应当给予通报，并作为重点监管对象管理：

（一）获批准但没有引进的审批单，未在规定时间退回的；

（二）实际林木引种数量与审批数量相差大或者审批单延期、变更频次高的；

（三）引进后未按规定提交引进回执、入境货物检验检疫材料、核销材料的，或者未按规定进行核销和报告分散种植情况和疫情监测情况的。

第二十九条 申请人隐瞒有关情况或者提交虚假材料的，申请人在一年内不得再次申请引种。

第三十一条 申请人存在以下行为之一的，应当依法给予行政处罚；构成犯罪的，依法追究刑事责任：

（一）涂改、倒卖、出租、出借检疫审批证件的，或者以其他形式非法转让林木引种许可的；

（二）超越审批许可范围进行活动的；

（三）未按照规定进行隔离试种的，以及隔离试种期满后，未按照规定办理检疫手续进行分散种植的；

（四）向负责监管的单位隐瞒有关情况、提供虚假材料或者拒绝提供反映其活动情况的真实材料的；

（五）违反本规定或者国家有关规定，引起植物疫情的，或者有引起植物疫情危险的；

（六）法律、法规规定的其他违法违规行为。

第六章 附 则

第三十二条 本规定由国家林业局负责解释。

第三十三条 各省级林业行政主管部门应当根据本规定，结合当地具体情况，制定实施办法，并报国家林业局备案。

第三十四条 本规定中的《引进林木种子、苗木检疫审批申请表》、《林木种子、苗木引进回执》、《引进林木种子、苗木委托监管通知书》由省级林业主管部门按照国家林业局规定的式样自行印制。

第三十五条 本规定自 2014 年 4 月 1 日起执行，有效期至 2019 年 3 月 31 日。《国家林业局关于印发〈引进林木种子苗木及其它繁殖材料检疫审批和监管规定〉的通知》（林造发〔2003〕80 号）同时废止。

林业植物检疫人员检疫执法行为规范

办造字（2005）59号

第一条 为提高林业植物检疫执法水平，培养和造就政治合格、业务过硬、作风优良、纪律严明的林业植物检疫执法队伍，保护森林资源和生态的安全，维护人民群众的合法权益，依据有关法律法规，制定本规范。

第二条 林业植物检疫人员（以下简称检疫员）是指依法取得有效证件的专、兼职人员。其中专职检疫人员必须取得《森林植物检疫员证》，兼职检疫员必须取得《兼职森林植物检疫员证》。专职检疫员依法从事林业行政执法活动的，应当依法取得《林业行政执法证》。

第三条 检疫员开展检疫执法工作的原则是：严格公正、文明廉洁、高效便民。

第四条 检疫员要坚决贯彻执行党的路线、方针和政策，注重自身政治素质的提高，努力学习业务，刻苦钻研专业知识，提高检疫执法能力。

第五条 专职检疫员在从事林业植物检疫活动时，必须按照规定穿着制服和佩带标志，主动向当事人出示《森林植物检疫员证》；在从事林业行政执法活动时，应当向当事人主动出示《林业行政执法证件》。兼职人员在从事林业植物检疫活动时，应当主动向当事人出示《兼职森林植物检疫员证》。

第六条 检疫员在执行公务中应当主动向当事人宣传有关检疫法规、规章和规范性文件，应当对当事人态度和蔼，语言文明。对投诉、举报或咨询的群众，接待热情礼貌，答复用词准确严谨，做好记录，及时答复或移交有关部门处理。

第七条 检疫员要认真履行法定职责，严格按法定程序办理各项检疫事宜。在办理检疫文书时，应当主动、耐心向当事人说明办事程序、途径和相关要求；对符合办理条件的，在规定期限内办结；对不具备办理条件的，应当向当事人说明理由；对申请材料不完整或者不规范的，要一次性告知当事人需要补充的全部材料。

第八条 检疫员在实施现场检疫检验和检疫检查（含复检）前应当通知当事人。抽取检验样品应当严格按照国家林业局《森林植物检疫技术规程》和《林业检疫性有害生物及检疫技术操作办法》的规定进行。检验结果应当及时告知当事人。

第九条 检疫员在签发检疫单证时，必须按照相关规定填写所有栏目，要求字迹工整、内容完整、签名清晰。

第十条 检疫员收缴检疫费应当严格按照法定收费项目和标准执行，必须开具由财政部门统一制发的专用票据，按规定格式完整填写相关内容。

第十一条 专职检疫员查处林业行政违法案件时，应当严格执行国家林业局制定的《林业行政处罚程序规定》。

第十二条 开展林业综合行政执法试点的试点单位，应当严格按照《国家林业局关于印发〈国家林业局关于实行林业综合行政执法的试点方案〉的通知》（林策发〔2003〕179号）和《国家林业局关于继续开展第二批林业综合行政执法试点的通知》（林策发〔2005〕102号）的规定执行。

第十三条 检疫员应当尊重当事人，并自觉维护其合法权益，办理检疫事宜不得推诿、刁难或打击报复，不得索贿受贿、徇私舞弊。

第十四条 检疫员应当自觉接受有关部门和社会的监督。

第十五条 本规范由国家林业局负责解释。

第十六条 本规范自2005年12月1日起施行。

保税区动植物检疫管理办法

动植检综字〔1998〕5号

第一条　为保护我国农、林、牧、渔业生产和人民身体健康，促进保税区健康发展，加强与完善保税区动植物检疫管理，根据《中华人民共和国进出境检疫法实施条例》的有关规定，制订本办法。

第二条　进出保税区的进出境动植物、动植物产品和其他检疫物以及装载动植物、动植物产品和其他检疫物的装载容器、包装物、动植物性包装、铺垫材料（以下简称应检物），依照本办法实施检疫。

第三条　各口岸动植物检疫机关负责对本辖区所设保税区的进出境应检物检疫工作。

口岸动植物检疫人员根据需要可进入保税区实施检疫、监督管理和疫情监测；必要时经批准可以在保税区设置动植物检疫办事机构。

第四条　进入保税区的进境动物及其繁殖材料以及禁止进境物必须事先向国家动植物检疫局办理检疫审批手续。进境后在保税区内存放、加工复出境的植物繁殖材料，不需办理审批手续。

其他需要办理检疫审批的动植物产品，具备下列条件的，国家动植物检疫局委托口岸动植物检疫机关办理检疫审批手续：

（一）在保税区内加工、存放复出境的；

（二）传播病虫害危险性小的；

（三）加工、存放过程符合动植物检疫和防疫要求的。国家动植物检疫局根据上述原则，制订委托办理检疫审批的动植物产品名单。

凡从保税区进入国内其他地区的应检物，需办理检疫审批手续的，应按有关规定办理。

第五条 进入保税区的进境应检物，在进境口岸实施检疫。

因口岸条件限制等原因，需调入保税区实施检疫的，需经口岸动植物检疫机关同意，其运输、装卸过程应当采取防疫措施，在保税区的加工、存放场所应当符合动植物检疫和防疫的有关规定。

第六条 口岸动植物检疫机关可根据具体情况对保税区内进境应检物的生产、加工、存放过程实施检疫监督制度；并根据需要可在保税区内仓库、加工厂等加工存放应检物的场所实施疫情监测。

第七条 进入保税区的进境应检物，原则上只在进境时实施检疫，复出境或进入国内其他地区时，不再实施检疫；如有下列情况时，须重新实施检疫（一）进境应检物复境时，输入国或货主有检疫要求的；（二）进境应检物进入国内其他地区时，检疫部门有特殊检疫要求的。

第八条 进入保税区存放的进境应检物原包装出境，包密封条件良好，无破损、撒漏的，只做外包装检疫，或据情况进行防疫消毒处理，复出境时不再检疫；若因其原因需进入国内其他地区时，须对货物本身实施检疫，

第九条 从国内其他地区进入保税区的应检物，再办理关手续前，应办理有关检疫手续；进入保税区后，对应检物进行监督管理，在应检物出境时实施检疫。

第十条 本办法自公布之日起施行。

北京市农业植物检疫办法

(2013 年 4 月 11 日北京市人民政府第 6 次常务会议审议通过，2013 年 4 月 26 日北京市人民政府令第 246 号公布)

第一条 为防止危害农业植物的危险性病、虫、杂草的传播蔓延，保障农业生产安全、生态安全和人民身体健康，根据《植物检疫条例》，结合本市实际情况，制定本办法。

第二条 本市行政区域内农业植物检疫及其监督管理活动适用《植物检疫条例》和本办法。

第三条 市和区、县人民政府应当加强对农业植物检疫工作的领导，建立健全农业植物检疫队伍，加强农业植物检疫基础设施建设，将农业植物疫情监测、调查、控制、扑灭及其监督管理所需经费纳入同级财政预算。

乡镇人民政府、街道办事处应当协助做好本辖区内农业植物疫情的控制和扑灭工作。

第四条 市和区、县农业行政部门主管本行政区域内农业植物检疫工作；市和区、县农业行政部门所属的农业植物检疫机构具体承担农业植物检疫工作。

园林绿化、工商行政管理、交通运输、邮政等有关部门和出入境检验检疫机构在各自职责范围内做好农业植物检疫的相关工作。

农业行政部门应当与园林绿化行政部门和出入境检验检疫机构建立健全工作沟通会商机制，定期交流工作情况，通报植物疫情信息，加强植物检疫工作方面的协作与配合。

第五条 市和区、县农业行政部门及其农业植物检疫机构应当加强农业植物检疫知识的宣传和普及，提高全社会农业植物疫情风险防范意识和能力。

第六条 农业植物检疫机构应当配备一定数量的专职农业植物检疫员，设立检疫检验实验室和必要的隔离种植场所，配备相应的农业植物检疫工作设备和除害处理设施，组织开展先进适用的农业植物检疫技术的研究和推广。

根据工作需要，农业植物检疫机构可以按照规定聘请兼职检疫员协助开展农业植物检疫工作。

第七条 农业植物检疫机构应当按照国务院农业行政部门公布的农业植物检疫性有害生物名单和应施检疫的植物及植物产品名单以及本市公布的补充名单实施检疫。

本市补充名单由市农业行政部门制定，报国务院农业行政部门备案。

第八条 对于在本市繁育的，用于试验、示范或者推广的农作物种子、苗木和其他繁殖材料，繁育单位或者个人应当到繁育基地所在区、县农业植物检疫机构申请产地检疫；检疫合格的，核发产地检疫证明。

凭产地检疫证明，农作物种子、苗木和其他繁殖材料可以在本市行政区域内调运。

第九条 有下列情形之一的，调入单位或者个人调入的农业植物、植物产品应当经过检疫，并附具调运检疫证明：

（一）本办法第七条规定的应施检疫的农业植物、植物产品从疫情发生地调入本市的；

（二）农作物种子、苗木和其他繁殖材料调入本市的。

凭调运检疫证明，农业植物、植物产品可以在本市行政区域内调运。

第十条 对调入的农业植物、植物产品，农业植物检疫机构应当查验其调运检疫证明；对来自疫情发生地的应施检疫的农业植物、植物产品，或者其他可能带有检疫性有害生物的应施检疫的农业植物、植物产品，可以进行复检。

调入的农业植物、植物产品经复检不合格的，农业植物检疫机构应当监督调入单位或者个人在指定地点对其进行除害处理，并通知核发该调运检疫证明的农业植物检疫机构。

第十一条 有下列情形之一的，调出单位或者个人应当在调出前向农业植物、植物产品存放地所在区、县农业植物检疫机构申请调运检疫；存放地所在区、县未设立农业植物检疫机构的，向市农业植物检疫机构申请调运检疫：

（一）国家规定的应施检疫的农业植物、植物产品从疫情发生地调出本市的；

（二）调入地规定的应施检疫的农业植物、植物产品调出本市的；

（三）农作物种子、苗木和其他繁殖材料调出本市的。

农业植物、植物产品经检疫合格的，核发调运检疫证明；检疫不合格，但能进行除害处理的，调出单位或者个人应当按照农业植物检疫机构的要求，在指定地点对其进行除害处理，除害处理后合格的，核发调运检疫证明；无法进行除害处理的，应当停止调运。

承运单位承运本条第一款规定的农业植物、植物产品，应当查验调运检疫证明。

第十二条 农业植物检疫机构应当按照检疫规程实施检疫；有关农业植物检疫的程序、办理时限等内容应当公示，接受社会监督。

第十三条 产地检疫和调运检疫证明的原件或者复印件应当至

少保存 2 年。

第十四条 销售农作物种子、苗木和其他繁殖材料的单位或者个人，应当依法建立经营档案。经营档案至少应当包括下列内容：

（一）产地检疫或者调运检疫证明的原件或者复印件；

（二）农作物种子、苗木和其他繁殖材料的来源、销售去向、销售数量。

第十五条 农业植物检疫机构可以在农作物种子、苗木和其他繁殖材料交易市场或者会展现场派驻检疫人员，加强现场检查，办理检疫手续。

第十六条 农业植物检疫机构应当建立健全监测网络，设置疫情监测点；根据农业植物检疫性有害生物发生规律，开展对农业植物检疫性有害生物的日常监测和定期调查。

农业植物检疫性有害生物日常监测和定期调查方案由市农业植物检疫机构统一制定，报市农业行政部门备案。

第十七条 区、县农业植物检疫机构发现农业植物疫情的，应当立即向本级农业行政部门和市农业植物检疫机构报告，区、县农业行政部门接到报告后，应当及时采取必要的控制和扑灭措施；市农业植物检疫机构接到报告后，应当及时向市农业行政部门报告。

市农业植物检疫机构发现农业植物疫情的，应当立即向市农业行政部门报告；市农业行政部门应当立即通知相关区、县农业行政部门，区、县农业行政部门应当及时采取必要的控制和扑灭措施。

农业行政部门、农业植物检疫机构及其工作人员对农业植物疫情不得瞒报、谎报、迟报，不得授意他人瞒报、谎报、迟报，不得阻碍他人报告。

其他单位和个人发现农业植物染疫或者疑似染疫的，应当及时向农业植物检疫机构报告。

第十八条 农业行政部门对染疫的农业植物、植物产品以及相关物品，可以采取高温消毒、药剂处理、填埋、焚烧等措施；对被污染的场地，可以进行高温消毒或者药剂处理。

农业行政部门实施前款规定的措施，应当尽可能减少对土壤、大气、水体、植被等造成污染和破坏。

农业行政部门实施本条第一款规定措施，发生疫情的单位或者个人应当服从和配合。

第十九条 市农业行政部门应当对区、县农业植物疫情控制和扑灭工作进行协调、指导和监督；市农业植物检疫机构应当对疫情控制和扑灭工作提供技术指导和服务。

第二十条 发生重大农业植物疫情的，按照本市重大农业植物疫情应急预案的规定进行处置。

第二十一条 因控制和扑灭农业植物疫情给相关单位或者个人合法权益造成损失的，依法给予补偿。具体补偿办法和标准由市农业行政部门会同财政部门制定。

第二十二条 农业植物疫情处置后，疫情发生所在区、县农业植物检疫机构应当加强监测；疫情发生地3年内未再次发现同种疫情的，由区、县农业行政部门提请市农业行政部门确认该疫情完全扑灭。

在疫情被确认完全扑灭前，疫情发生地不得种植引发该疫情的有害生物的寄主植物；违反规定种植的，由区、县农业植物检疫机构责令改正。

第二十三条 市农业植物检疫机构应当建立健全农业植物检疫信息通报制度，加强农业植物检疫信息平台建设，及时汇总、通报农业植物检疫信息。

第二十四条 农业植物检疫人员在实施农业植物检疫等相关执

法活动时，应当穿着检疫制服，佩戴检疫标志，出示执法证件，并有权采取下列措施：

（一）进入农业植物、植物产品的生产、经营、贮存以及其他可能发生检疫性有害生物的场所，进行现场检查和疫情调查；

（二）采集相关样品，查阅、复制与检疫有关的资料，收集与检疫有关的证据；

（三）依法封存、没收、销毁违反规定调运的农业植物、植物产品，或者责令改变用途；

（四）监督有关单位或者个人落实除害处理等措施。

农业植物检疫人员实施农业植物检疫等相关执法活动，不得干扰当事人的正常生产经营活动；有关单位和个人应当予以配合，不得拒绝、干扰和阻挠。

第二十五条 对在农业植物疫情控制和扑灭工作中作出突出贡献的单位和个人，应当给予表彰。

第二十六条 市和区、县农业行政部门及其农业植物检疫机构工作人员违反本办法规定，不履行、违法履行、不当履行农业植物检疫职责的，按照国家和本市有关规定给予行政问责和行政处分；构成犯罪的，依法追究刑事责任。

第二十七条 有下列违法行为之一，尚未构成犯罪的，由农业植物检疫机构给予处罚：

（一）违反本办法第八条第一款规定，繁育单位或者个人未取得产地检疫证明试验、示范或者推广种子、苗木或者其他繁殖材料的；

（二）违反本办法第八条第二款规定，在本市调运农作物种子、苗木或者其他繁殖材料的；

（三）违反本办法第九条第一款规定，调入单位或者个人调入未经检疫合格的农业植物、植物产品的；

（四）违反本办法第十一条第一、二款规定，调出单位或者个人未取得调运检疫证明擅自调运的。

对前款规定的非经营活动中的违法行为，处以 1000 元以下罚款；对前款规定的经营活动中的违法行为，有违法所得的，没收违法所得，处以违法所得 3 倍以下罚款，最高不得超过 3 万元，没有违法所得的，处以 1 万元以下罚款。

第二十八条 违反本办法第十一条第三款规定，承运单位承运未办理调运检疫证明的农业植物、植物产品，或者承运的数量、种类与调运检疫证明不符的，由农业植物检疫机构给予警告，可处 1000 元以上 1 万元以下罚款。

第二十九条 违反本办法第十三条规定，未按照要求保存产地检疫或者调运检疫证明原件或者复印件的，由农业植物检疫机构责令改正，对单位可处 2000 元以下罚款，对个人可处 200 元以下罚款。

第三十条 违反本办法第十四条规定，销售农作物种子、苗木或者其他繁殖材料的单位或者个人未按照要求建立经营档案的，由农业植物检疫机构责令改正，对单位可处 2000 元以下罚款，对个人可处 200 元以下罚款。

第三十一条 违反本办法第十八条第三款规定，发生疫情的单位或者个人拒绝服从、配合疫情处理的，由农业行政部门责令改正；拒不改正，构成违反治安管理行为的，由公安机关依法给予处罚；构成犯罪的，依法追究刑事责任。

第三十二条 单位或者个人违反本办法规定，导致农业植物疫情发生或者危害扩大，给他人人身、财产造成损害的，应当依法承担民事责任。

第三十三条 对违反本办法规定的行为，有关法律、法规已经规定相应法律责任的，依照其规定执行。

第三十四条 本办法自 2013 年 7 月 1 日起施行。1987 年 8 月 20 日北京市人民政府京政发 106 号文件发布，根据 2007 年 11 月 23 日北京市人民政府第 200 号令修改的《北京市农业植物检疫实施办法》同时废止。

黑龙江省农业植物检疫实施办法

黑龙江省人民政府令

第6号

《黑龙江省人民政府关于修改〈黑龙江省农业植物检疫实施办法〉的决定》业经二〇〇八年十二月十一日省人民政府第十六次常务会议讨论通过，现予公布，自公布之日起施行。

黑龙江省省长

二〇〇九年一月五日

第一条 根据国务院《植物检疫条例》（以下简称条例）结合本省实际情况，制定本实施办法。

第二条 本实施办法的适用范围是指国内农业植物检疫不包括林业和口岸植物检疫。

第三条 黑龙江省农业行政主管部门主管全省农业植物检疫工作，由省植物检疫机构负责执行。

行政公署、市、县农业行政主管部门主管本地区范围内的农业植物检疫工作，其执行机构是所属的植物检疫机构。

农垦系统的农业主管机构主管垦区的农业植物检疫管理工作，其所属的植物检疫机构负责具体执行。

第四条 各级植物检疫机构，必须配备一定数量的专职检疫员，并逐步建立健全植物检疫实验室和检验室。

第五条 各级植物检疫机构在实施检疫时可以行使下列职权：

（一）进入车站、机场、港口、邮局、仓库以及应施检疫的植物、植物产品的生产、加工、销售、存放、试种场所实施检疫和检疫监督，并依照规定采取样品。

（二）查阅、复制、摘录与应施检疫的植物、植物产品有关的合同、货运单、发票、检疫单证等。

（三）查询与植物检疫违法案件有关的人员，并提取证据。

第六条 植物检疫人员进入车站、机场、港口、邮局、仓库及其他有关场所执行植物检疫任务，必须穿着检疫制服，佩戴检疫标志，并持有农业部统一颁发的《植物检疫员证》。

第七条 农业植物检疫性有害生物和应施检疫的植物、植物产品，按农业部统一制定的名单执行。本省补充的农业植物检疫性有害生物和应施检疫的植物、植物产品名单，由省农业行政主管部门制定、公布。

农业植物检疫范围包括粮、棉、油、麻、桑、茶、糖、菜、烟、果（干果除外）、药材、花卉、牧草、绿肥等植物、植物的各部分，包括种子、块根、块茎、球茎、鳞茎、接穗、砧木、试管苗、细胞繁殖体等繁殖材料，以及来源于上述植物、未经加工或虽经加工但仍有可能传播疫情的植物产品。

第八条 各级植物检疫机构应对本地区的植物检疫性有害生物进行调查，并根据调查结果编制植物检疫性有害生物分布资料。省植物检疫机构编制全省分布到乡、农场的检疫性有害生物资料，行署、市、县和农垦系统编制分布到村、分场的检疫性有害生物资料，并报省植物检疫机构备案。

第九条 各级植物检疫机构对本辖区的植物检疫性有害生物应

当每三年普查一次，重点检疫性有害生物应当每年普查一次。

第十条 局部地区发生植物检疫性有害生物的，应划为疫区，采取封锁、消灭措施；发生检疫性有害生物普遍的地区，应将未发生地域划为保护区；疫区和保护区的划定，由省农业行政主管部门提出，报省人民政府批准。

在发生疫情的地区，植物检疫机构可以派人参加当地的道路联合检查站或木材检查站；发生特大疫情时，经省人民政府批准，可以设立植物检疫检查站，开展植物检疫工作。

第十一条 调运植物、植物产品，属于下列情况的，必须在调运前十五天向当地植物检疫机构报检，实施检疫：

（一）列入应施检疫的植物、植物产品名单的，运出发生疫情的县级行政区域之前，必须经过检疫。

（二）凡种子、苗木和其他繁殖材料，不论是否列入应施检疫的植物、植物产品名单和运往何地、数量多少、以何种方式运输、邮寄，必须经过检疫。

对可能被检疫性有害生物污染的包装材料、运输工具、场地、仓库等应实施检疫；已被污染的，托运人应按植物检疫机构的要求处理。

第十二条 应施检疫的植物、植物产品的调运必须按下列要求办理检疫手续：

（一）在省内调运的，调入单位和个人必须事先征得所在地植物检疫机构的同意，并向调出单位提出检疫要求；调出单位根据检疫要求，向所在地植物检疫机构报验，经检疫合格后，由所在地植物检疫机构签发植物检疫证书。

（二）调往外省的，调出单位或个人按调入省植物检疫机构提出的检疫要求，向所在地植物检疫机构报验，经检疫合格后，由省植物检疫机构或受其授权的植物检疫机构签发植物检疫证书。但调往省外繁育基地的种子、苗木等繁殖材料，必须经省植物检疫机构检疫并签发检疫证书。

（三）从外省调入的，调入单位或个人应向所在地的植物检疫机构提出申请，并报省植物检疫机构或受其授权的植物检疫机构审批，由省植物检疫机构或受其授权的植物检疫机构提出检疫要求，取得调出省植物检疫机构签发的植物检疫证书方可调入。

各级植物检疫机构有权对调入的植物、植物产品进行查证或复查，复查中发现问题的，由有关植物检疫机构按规定共同协商解决。

第十三条 在调运过程中，发现检疫性有害生物，必须严格进行处理，经消毒合格后签发植物检疫证书。无法消毒处理或处理不合格的，植物检疫机构有权予以封存、没收、责令改变用途、销毁等。

国内植物检疫证书，由省植物检疫机构按农业部制定的格式统一印发，任何单位和个人不得翻印。

第十四条 对应施检疫的植物、植物产品，交通运输部门和邮政部门凭植物检疫证书（正本）承运或收寄。植物检疫证书应附在托运单或包裹单上随货运寄，最后递交收货单位或个人。到货地点的交通运输部门和邮政部门发现未附检疫证书（正本）或货证不符的，应通知收货单位或个人补办检疫手续，凭植物检疫证提取。

第十五条 从国外引进种子、苗木及一切繁殖材料，应向省植物检疫机构提出申请，办理检疫审批手续。

省植物检疫机构应加强境外引种的检疫监督和试种观察，并按省农业行政主管部门、省物价部门、省财政部门的有关规定收取疫情监测费用，如发现检疫性有害生物和危险性病、虫、杂草，应按植物检疫机构的意见处理，所造成的经济损失，由引种单位或个人承担。

第十六条 植物检疫收费，按《国内植物检疫收费办法》的规定办理。因实施检疫需要的车船停留、搬移、开拆、取样、储存、消毒、销毁等费用，由申请检疫的单位或个人负责。

第十七条 各级植物检疫机构应当对本辖区的原种场、良种场、苗圃等繁育基地及出口农产品生产基地实施产地检疫。

试验、示范、繁育、生产应施检疫植物的单位与个人，均应当向当地植物检疫机构申请植物种子产地检疫，领取检疫证明编号。种子经销和使用的单位和个人应当认真查验种子检疫情况，核实编号；对未经检疫或检疫编号不符的应当及时向当地植物检疫机构申请复检，领取检疫编号。

取得产地检疫合格证的应施检疫植物种子，调运时凭产地检疫合格证换领植物检疫证书。

第十八条 在植物检疫工作中作出显著成绩的单位和个人，由人民政府给予奖励。

第十九条 应施检疫植物及其产品的产地检疫程序：

（一）生产单位或个人向当地植物检疫机构提出检疫书面申请；

（二）当地植物检疫机构书面告知定期检疫时间，并届时派出植物检疫员到生产现场实施检疫，填写《产地检疫记录》；

（三）当地植物检疫机构对检疫合格的，签发《产地检疫合格证》；检疫不合格的，责令进行疫情处理。

第二十条 有下列行为之一的，由植物检疫机构责令纠正，属于非经营活动的，处以一千元以下的罚款；属于经营活动的，处以一千元至一万元的罚款；造成损失的，应负责赔偿；构成犯罪的，依法追究刑事责任：

（一）在报检过程中谎报受检物品种类、品种，隐瞒受检物品数量、受检作物面积，提供虚假证明材料的；

（二）不按植物检疫机构的要求处理被污染的包装材料、运载工具、场地、仓库等；

（三）擅自从国外引种，或引种后不在指定地点种植或不按植物检疫机构的要求隔离试种的；

（四）擅自调运应施检疫的植物、植物产品的，以及在调运过程中，擅自开拆检讫的植物、植物产品封识或包装的，调换或夹带其他未经检疫的植物、植物产品的；

（五）伪造、涂改、买卖、转让植物检疫的单证、印章、标志、封识的；

（六）违反本实施办法规定，引起疫情扩散的。

有前款第（一）、（二）、（三）、（四）、（五）项所列情形之一，尚不构成犯罪的，植物检疫机构可以没收非法所得。

对违反本实施办法规定调运的植物和植物产品，植物检疫机构有权予以封存、没收、销毁或责令改变用途。销毁所需费用由责任人承担。

第二十一条　植物检疫人员在植物检疫工作中，交通运输部门和邮政部门有关人员在植物、植物产品的运输、邮寄工作中，徇私舞弊、玩忽职守的，由其所在单位或上级主管机关给予行政处分；构成犯罪的，由司法机关依法追究刑事责任。

第二十二条　当事人对植物检疫机构的行政处罚决定不服的，可以自接到处罚通知书之日起六十日内，向作出行政处罚决定的植物检疫机构的农业行政主管部门申请复议；对复议决定不服的，可以自接到复议决定书之日起十五日内向人民法院提起诉讼。当事人逾期不申请复议或不起诉又不履行行政处罚决定的，植物检疫机构可以申请人民法院强制执行或依法强制执行。

第二十三条　本实施办法自公布之日起施行。

中华人民共和国进出境动植物检疫法

（1991年10月30日第七届全国人民代表大会常务委员会第二十二次会议通过，1991年10月30日中华人民共和国主席令第五十三号公布；根据2009年8月27日第十一届全国人民代表大会常务委员会第十次会议《全国人民代表大会常务委员会关于修改部分法律的决定》修改）

第一章 总 则

第一条 为防止动物传染病、寄生虫病和植物危险性病、虫、杂草以及其他有害生物（以下简称病虫害）传入、传出国境，保护农、林、牧、渔业生产和人体健康，促进对外经济贸易的发展，制定本法。

第二条 进出境的动植物、动植物产品和其他检疫物，装载动植物、动植物产品和其他检疫物的装载容器、包装物，以及来自动植物疫区的运输工具，依照本法规定实施检疫。

第三条 国务院设立动植物检疫机关（以下简称国家动植物

检疫机关），统一管理全国进出境动植物检疫工作。国家动植物检疫机关在对外开放的口岸和进出境动植物检疫业务集中的地点设立的口岸动植物检疫机关，依照本法规定实施进出境动植物检疫。

贸易性动物产品出境的检疫机关，由国务院根据情况规定。

国务院农业行政主管部门主管全国进出境动植物检疫工作。

第四条　口岸动植物检疫机关在实施检疫时可以行使下列职权：

（一）依照本法规定登船、登车、登机实施检疫；

（二）进入港口、机场、车站、邮局以及检疫物的存放、加工、养殖、种植场所实施检疫，并依照规定采样；

（三）根据检疫需要，进入有关生产、仓库等场所，进行疫情监测、调查和检疫监督管理；

（四）查阅、复制、摘录与检疫物有关的运行日志、货运单、合同、发票及其他单证。

第五条　国家禁止下列各物进境：

（一）动植物病原体（包括菌种、毒种等）、害虫及其他有害生物；

（二）动植物疫情流行的国家和地区的有关动植物、动植物产品和其他检疫物；

（三）动物尸体；

（四）土壤。

口岸动植物检疫机关发现有前款规定的禁止进境物的，作退回或者销毁处理。

因科学研究等特殊需要引进本条第一款规定的禁止进境物的，必须事先提出申请，经国家动植物检疫机关批准。

本条第一款第二项规定的禁止进境物的名录，由国务院农业行政主管部门制定并公布。

第六条 国外发生重大动植物疫情并可能传入中国时，国务院应当采取紧急预防措施，必要时可以下令禁止来自动植物疫区的运输工具进境或者封锁有关口岸；受动植物疫情威胁地区的地方人民政府和有关口岸动植物检疫机关，应当立即采取紧急措施，同时向上级人民政府和国家动植物检疫机关报告。

邮电、运输部门对重大动植物疫情报告和送检材料应当优先传送。

第七条 国家动植物检疫机关和口岸动植物检疫机关对进出境动植物、动植物产品的生产、加工、存放过程，实行检疫监督制度。

第八条 口岸动植物检疫机关在港口、机场、车站、邮局执行检疫任务时，海关、交通、民航、铁路、邮电等有关部门应当配合。

第九条 动植物检疫机关检疫人员必须忠于职守，秉公执法。

动植物检疫机关检疫人员依法执行公务，任何单位和个人不得阻挠。

第二章 进境检疫

第十条 输入动物、动物产品、植物种子、种苗及其他繁殖材料的，必须事先提出申请，办理检疫审批手续。

第十一条 通过贸易、科技合作、交换、赠送、援助等方式输入动植物、动植物产品和其他检疫物的，应当在合同或者协议中订明中国法定的检疫要求，并订明必须附有输出国家或者地区政府动植物检疫机关出具的检疫证书。

第十二条 货主或者其代理人应当在动植物、动植物产品和其他检疫物进境前或者进境时持输出国家或者地区的检疫证书、贸易合同等单证，向进境口岸动植物检疫机关报检。

第十三条 装载动物的运输工具抵达口岸时，口岸动植物检疫机关应当采取现场预防措施，对上下运输工具或者接近动物的人员、装载动物的运输工具和被污染的场地作防疫消毒处理。

第十四条 输入动植物、动植物产品和其他检疫物，应当在进境口岸实施检疫。未经口岸动植物检疫机关同意，不得卸离运输工具。

输入动植物，需隔离检疫的，在口岸动植物检疫机关指定的隔离场所检疫。

因口岸条件限制等原因，可以由国家动植物检疫机关决定将动植物、动植物产品和其他检疫物运往指定地点检疫。在运输、装卸过程中，货主或者其代理人应当采取防疫措施。指定的存放、加工和隔离饲养或者隔离种植的场所，应当符合动植物检疫和防疫的规定。

第十五条 输入动植物、动植物产品和其他检疫物，经检疫合格的，准予进境；海关凭口岸动植物检疫机关签发的检疫单证或者在报关单上加盖的印章验放。

输入动植物、动植物产品和其他检疫物，需调离海关监管区检疫的，海关凭口岸动植物检疫机关签发的《检疫调离通知单》验放。

第十六条 输入动物，经检疫不合格的，由口岸动植物检疫机关签发《检疫处理通知单》，通知货主或者其代理人作如下处理：

（一）检出一类传染病、寄生虫病的动物，连同其同群动物全群退回或者全群扑杀并销毁尸体；

（二）检出二类传染病、寄生虫病的动物，退回或者扑杀，同群其他动物在隔离场或者其他指定地点隔离观察。

输入动物产品和其他检疫物经检疫不合格的，由口岸动植物检疫机关签发《检疫处理通知单》，通知货主或者其代理人作除害、退回或者销毁处理。经除害处理合格的，准予进境。

第十七条 输入植物、植物产品和其他检疫物，经检疫发现有植物危险性病、虫、杂草的，由口岸动植物检疫机关签发《检疫处理通知单》，通知货主或者其代理人作除害、退回或者销毁处理。经除害处理合格的，准予进境。

第十八条 本法第十六条第一款第一项、第二项所称一类、二类动物传染病、寄生虫病的名录和本法第十七条所称植物危险性病、虫、杂草的名录，由国务院农业行政主管部门制定并公布。

第十九条 输入动植物、动植物产品和其他检疫物，经检疫发现有本法第十八条规定的名录之外，对农、林、牧、渔业有严重危害的其他病虫害的，由口岸动植物检疫机关依照国务院农业行政主管部门的规定，通知货主或者其代理人作除害、退回或者销毁处理。经除害处理合格的，准予进境。

第三章 出境检疫

第二十条 货主或者其代理人在动植物、动植物产品和其他检疫物出境前，向口岸动植物检疫机关报检。

出境前需经隔离检疫的动物，在口岸动植物检疫机关指定的隔离场所检疫。

第二十一条 输出动植物、动植物产品和其他检疫物，由口岸动植物检疫机关实施检疫，经检疫合格或者经除害处理合格的，准予出境；海关凭口岸动植物检疫机关签发的检疫证书或者在报关单上加盖的印章验放。检疫不合格又无有效方法作除害处理的，不准出境。

第二十二条 经检疫合格的动植物、动植物产品和其他检疫物，有下列情形之一的，货主或者其代理人应当重新报检：

（一）更改输入国家或者地区，更改后的输入国家或者地区又有不同检疫要求的；

（二）改换包装或者原未拼装后来拼装的；

（三）超过检疫规定有效期限的。

第四章　过境检疫

第二十三条 要求运输动物过境的，必须事先商得中国国家动植物检疫机关同意，并按照指定的口岸和路线过境。

装载过境动物的运输工具、装载容器、饲料和铺垫材料，必须符合中国动植物检疫的规定。

第二十四条 运输动植物、动植物产品和其他检疫物过境的，由承运人或者押运人持货运单和输出国家或者地区政府动植物检疫机关出具的检疫证书，在进境时向口岸动植物检疫机关报检，出境口岸不再检疫。

第二十五条 过境的动物经检疫合格的，准予过境；发现有本法第十八条规定的名录所列的动物传染病、寄生虫病的，全群动物不准过境。

过境动物的饲料受病虫害污染的，作除害、不准过境或者销毁处理。

过境的动物的尸体、排泄物、铺垫材料及其他废弃物，必须按照动植物检疫机关的规定处理，不得擅自抛弃。

第二十六条 对过境植物、动植物产品和其他检疫物，口岸动植物检疫机关检查运输工具或者包装，经检疫合格的，准予过境；发现有本法第十八条规定的名录所列的病虫害的，作除害处理或者不准过境。

第二十七条 动植物、动植物产品和其他检疫物过境期间，未经动植物检疫机关批准，不得开拆包装或者卸离运输工具。

第五章　携带、邮寄物检疫

第二十八条 携带、邮寄植物种子、种苗及其他繁殖材料进境的，必须事先提出申请，办理检疫审批手续。

第二十九条 禁止携带、邮寄进境的动植物、动植物产品和其他检疫物的名录，由国务院农业行政主管部门制定并公布。

携带、邮寄前款规定的名录所列的动植物、动植物产品和其他检疫物进境的，作退回或者销毁处理。

第三十条 携带本法第二十九条规定的名录以外的动植物、动植物产品和其他检疫物进境的，在进境时向海关申报并接受口岸动植物检疫机关检疫。

携带动物进境的，必须持有输出国家或者地区的检疫证书等证件。

第三十一条 邮寄本法第二十九条规定的名录以外的动植物、动植物产品和其他检疫物进境的，由口岸动植物检疫机关在国际邮件互换局实施检疫，必要时可以取回口岸动植物检疫机关检疫；未经检疫不得运递。

第三十二条 邮寄进境的动植物、动植物产品和其他检疫物，经检疫或者除害处理合格后放行；经检疫不合格又无有效方法作除害处理的，作退回或者销毁处理，并签发《检疫处理通知单》。

第三十三条 携带、邮寄出境的动植物、动植物产品和其他检疫物，物主有检疫要求的，由口岸动植物检疫机关实施检疫。

第六章 运输工具检疫

第三十四条 来自动植物疫区的船舶、飞机、火车抵达口岸时，由口岸动植物检疫机关实施检疫。发现有本法第十八条规定的名录所列的病虫害的，作不准带离运输工具、除害、封存或者销毁处理。

第三十五条 进境的车辆，由口岸动植物检疫机关作防疫消毒处理。

第三十六条 进出境运输工具上的泔水、动植物性废弃物，依照口岸动植物检疫机关的规定处理，不得擅自抛弃。

第三十七条 装载出境的动植物、动植物产品和其他检疫物的运输工具，应当符合动植物检疫和防疫的规定。

第三十八条 进境供拆船用的废旧船舶，由口岸动植物检疫机关实施检疫，发现有本法第十八条规定的名录所列的病虫害的，作除害处理。

第七章 法律责任

第三十九条 违反本法规定，有下列行为之一的，由口岸动植物检疫机关处以罚款：

（一）未报检或者未依法办理检疫审批手续的；

（二）未经口岸动植物检疫机关许可擅自将进境动植物、动植物产品或者其他检疫物卸离运输工具或者运递的；

（三）擅自调离或者处理在口岸动植物检疫机关指定的隔离场所中隔离检疫的动植物的。

第四十条　报检的动植物、动植物产品或者其他检疫物与实际不符的，由口岸动植物检疫机关处以罚款；已取得检疫单证的，予以吊销。

第四十一条　违反本法规定，擅自开拆过境动植物、动植物产品或者其他检疫物的包装的，擅自将过境动植物、动植物产品或者其他检疫物卸离运输工具的，擅自抛弃过境动物的尸体、排泄物、铺垫材料或者其他废弃物的，由动植物检疫机关处以罚款。

第四十二条　违反本法规定，引起重大动植物疫情的，依照刑法有关规定追究刑事责任。

第四十三条　伪造、变造检疫单证、印章、标志、封识，依照刑法有关规定追究刑事责任。

第四十四条　当事人对动植物检疫机关的处罚决定不服的，可以在接到处罚通知之日起十五日内向作出处罚决定的机关的上一级机关申请复议；当事人也可以在接到处罚通知之日起十五日内直接向人民法院起诉。

复议机关应当在接到复议申请之日起六十日内作出复议决定。当事人对复议决定不服的，可以在接到复议决定之日起十五日内向人民法院起诉。复议机关逾期不作出复议决定的，当事人可以在复议期满之日起十五日内向人民法院起诉。

当事人逾期不申请复议也不向人民法院起诉、又不履行处罚决定的，作出处罚决定的机关可以申请人民法院强制执行。

第四十五条 动植物检疫机关检疫人员滥用职权，徇私舞弊，伪造检疫结果，或者玩忽职守，延误检疫出证，构成犯罪的，依法追究刑事责任；不构成犯罪的，给予行政处分。

第八章 附 则

第四十六条 本法下列用语的含义是：

（一）"动物"是指饲养、野生的活动物，如畜、禽、兽、蛇、龟、鱼、虾、蟹、贝、蚕、蜂等；

（二）"动物产品"是指来源于动物未经加工或者虽经加工但仍有可能传播疫病的产品，如生皮张、毛类、肉类、脏器、油脂、动物水产品、奶制品、蛋类、血液、精液、胚胎、骨、蹄、角等；

（三）"植物"是指栽培植物、野生植物及其种子、种苗及其他繁殖材料等；

（四）"植物产品"是指来源于植物未经加工或者虽经加工但仍有可能传播病虫害的产品，如粮食、豆、棉花、油、麻、烟草、籽仁、干果、鲜果、蔬菜、生药材、木材、饲料等；

（五）"其他检疫物"是指动物疫苗、血清、诊断液、动植物性废弃物等。

第四十七条 中华人民共和国缔结或者参加的有关动植物检疫的国际条约与本法有不同规定的，适用该国际条约的规定。但是，中华人民共和国声明保留的条款除外。

第四十八条 口岸动植物检疫机关实施检疫依照规定收费。收费办法由国务院农业行政主管部门会同国务院物价等有关主管部门制定。

第四十九条 国务院根据本法制定实施条例。

第五十条 本法自一九九二年四月一日起施行。一九八二年六月四日国务院发布的《中华人民共和国进出口动植物检疫条例》同时废止。

附　录

中华人民共和国进出境动植物检疫法实施条例

（1996 年 12 月 2 日中华人民共和国国务院令第 206 号公布）

第一章　总　则

第一条　根据《中华人民共和国进出境动植物检疫法》（以下简称进出境动植物检疫法）的规定，制定本条例。

第二条　下列各物，依照进出境动植物检疫法和本条例的规定实施检疫：

（一）进境、出境、过境的动植物、动植物产品和其他检疫物；

（二）装载动植物、动植物产品和其他检疫物的装载容器、包装物、铺垫材料；

（三）来自动植物疫区的运输工具；

（四）进境拆解的废旧船舶；

（五）有关法律、行政法规、国际条约规定或者贸易合同约定应当实施进出境动植物检疫的其他货物、物品。

第三条　国务院农业行政主管部门主管全国进出境动植物检疫工作。

中华人民共和国动植物检疫局（以下简称国家动植物检疫局）统一管理全国进出境动植物检疫工作，收集国内外重大动植物疫情，负责国际间进出境动植物检疫的合作与交流。

国家动植物检疫局在对外开放的口岸和进出境动植物检疫业务集中的地点设立的口岸动植物检疫机关，依照进出境动植物检疫法和本条例的规定，实施进出境动植物检疫。

第四条 国（境）外发生重大动植物疫情并可能传入中国时，根据情况采取下列紧急预防措施：

（一）国务院可以对相关边境区域采取控制措施，必要时下令禁止来自动植物疫区的运输工具进境或者封锁有关口岸；

（二）国务院农业行政主管部门可以公布禁止从动植物疫情流行的国家和地区进境的动植物、动植物产品和其他检疫物的名录；

（三）有关口岸动植物检疫机关可以对可能受病虫害污染的本条例第二条所列进境各物采取紧急检疫处理措施；

（四）受动植物疫情威胁地区的地方人民政府可以立即组织有关部门制定并实施应急方案，同时向上级人民政府和国家动植物检疫局报告。

邮电、运输部门对重大动植物疫情报告和送检材料应当优先传送。

第五条 享有外交、领事特权与豁免的外国机构和人员公用或者自用的动植物、动植物产品和其他检疫物进境，应当依照进出境动植物检疫法和本条例的规定实施检疫；口岸动植物检疫机关查验时，应当遵守有关法律的规定。

第六条 海关依法配合口岸动植物检疫机关，对进出境动植物、动植物产品和其他检疫物实行监管。具体办法由国务院农业行政主管部门会同海关总署制定。

第七条 进出境动植物检疫法所称动植物疫区和动植物疫情流行的国家与地区的名录，由国务院农业行政主管部门确定并公布。

第八条 对贯彻执行进出境动植物检疫法和本条例做出显著成绩的单位和个人，给予奖励。

第二章 检疫审批

第九条 输入动物、动物产品和进出境动植物检疫法第五条第一款所列禁止进境物的检疫审批，由国家动植物检疫局或者其授权的口岸动植物检疫机关负责。

输入植物种子、种苗及其他繁殖材料的检疫审批，由植物检疫条例规定的机关负责。

第十条 符合下列条件的，方可办理进境检疫审批手续：

（一）输出国家或者地区无重大动植物疫情；

（二）符合中国有关动植物检疫法律、法规、规章的规定；

（三）符合中国与输出国家或者地区签订的有关双边检疫协定（含检疫协议、备忘录等，下同）。

第十一条 检疫审批手续应当在贸易合同或者协议签订前办妥。

第十二条 携带、邮寄植物种子、种苗及其他繁殖材料进境的，必须事先提出申请，办理检疫审批手续；因特殊情况无法事先办理的，携带人或者邮寄人应当在口岸补办检疫审批手续，经审批机关同意并经检疫合格后方准进境。

第十三条 要求运输动物过境的，货主或者其代理人必须事先向国家动植物检疫局提出书面申请，提交输出国家或者地区政府动植物检疫机关出具的疫情证明、输入国家或者地区政府动植物检疫机关出具的准许该动物进境的证件，并说明拟过境的路线，国家动植物检疫局审查同意后，签发《动物过境许可证》。

第十四条 因科学研究等特殊需要，引进进出境动植物检疫法

第五条第一款所列禁止进境物的，办理禁止进境物特许检疫审批手续时，货主、物主或者其代理人必须提交书面申请，说明其数量、用途、引进方式、进境后的防疫措施，并附具有关口岸动植物检疫机关签署的意见。

第十五条 办理进境检疫审批手续后，有下列情况之一的，货主、物主或者其代理人应当重新申请办理检疫审批手续：

（一）变更进境物的品种或者数量的；

（二）变更输出国家或者地区的；

（三）变更进境口岸的；

（四）超过检疫审批有效期的。

第三章 进境检疫

第十六条 进出境动植物检疫法第十一条所称中国法定的检疫要求，是指中国的法律、行政法规和国务院农业行政主管部门规定的动植物检疫要求。

第十七条 国家对向中国输出动植物产品的国外生产、加工、存放单位，实行注册登记制度。具体办法由国务院农业行政主管部门制定。

第十八条 输入动植物、动植物产品和其他检疫物的，货主或者其代理人应当在进境前或者进境时向进境口岸动植物检疫机关报检。属于调离海关监管区检疫的，运达指定地点时，货主或者其代理人应当通知有关口岸动植物检疫机关。属于转关货物的，货主或者其代理人应当在进境时向进境口岸动植物检疫机关申报；到达指运地时，应当向指运地口岸动植物检疫机关报检。

输入种畜禽及其精液、胚胎的，应当在进境前30日报检；输入其他动物的，应当在进境前15日报检；输入植物种子、种苗及其他繁殖材料的，应当在进境前 7 日报检。

动植物性包装物、铺垫材料进境时，货主或者其代理人应当及时向口岸动植物检疫机关申报；动植物检疫机关可以根据具体情况对申报物实施检疫。

前款所称动植物性包装物、铺垫材料，是指直接用作包装物、铺垫材料的动物产品和植物、植物产品。

第十九条　向口岸动植物检疫机关报检时，应当填写报检单，并提交输出国家或者地区政府动植物检疫机关出具的检疫证书、产地证书和贸易合同、信用证、发票等单证；依法应当办理检疫审批手续的，还应当提交检疫审批单。无输出国家或者地区政府动植物检疫机关出具的有效检疫证书，或者未依法办理检疫审批手续的，口岸动植物检疫机关可以根据具体情况，作退回或者销毁处理。

第二十条　输入的动植物、动植物产品和其他检疫物运达口岸时，检疫人员可以到运输工具上和货物现场实施检疫，核对货、证是否相符，并可以按照规定采取样品。承运人、货主或者其代理人应当向检疫人员提供装载清单和有关资料。

第二十一条　装载动物的运输工具抵达口岸时，上下运输工具或者接近动物的人员，应当接受口岸动植物检疫机关实施的防疫消毒，并执行其采取的其他现场预防措施。

第二十二条　检疫人员应当按照下列规定实施现场检疫：

（一）动物：检查有无疫病的临床症状。发现疑似感染传染病或者已死亡的动物时，在货主或者押运人的配合下查明情况，立即处理。动物的铺垫材料、剩余饲料和排泄物等，由货主或者其代理人在检疫人员的监督下，作除害处理。

（二）动物产品：检查有无腐败变质现象，容器、包装是否完好。符合要求的，允许卸离运输工具。发现散包、容器破裂的，由货主或者其代理人负责整理完好,方可卸离运输工具。根据情况,对运输工具的有关部位及装载动物产品的容器、外表包装、铺垫材料、被污染场地等进行消毒处理。需要实施实验室检疫的,按照规定采取样品。对易滋生植物害虫或者混藏杂草种子的动物产品,同时实施植物检疫。

(三)植物、植物产品:检查货物和包装物有无病虫害,并按照规定采取样品。发现病虫害并有扩散可能时,及时对该批货物、运输工具和装卸现场采取必要的防疫措施。对来自动物传染病疫区或者易带动物传染病和寄生虫病病原体并用作动物饲料的植物产品,同时实施动物检疫。

(四)动植物性包装物、铺垫材料:检查是否携带病虫害、混藏杂草种子、沾带土壤,并按照规定采取样品。

(五)其他检疫物:检查包装是否完好及是否被病虫害污染。发现破损或者被病虫害污染时,作除害处理。

第二十三条 对船舶、火车装运的大宗动植物产品,应当就地分层检查;限于港口、车站的存放条件,不能就地检查的,经口岸动植物检疫机关同意,也可以边卸载边疏运,将动植物产品运往指定的地点存放。在卸货过程中经检疫发现疫情时,应当立即停止卸货,由货主或者其代理人按照口岸动植物检疫机关的要求,对已卸和未卸货物作除害处理,并采取防止疫情扩散的措施;对被病虫害污染的装卸工具和场地,也应当作除害处理。

第二十四条 输入种用大中家畜的,应当在国家动植物检疫局设立的动物隔离检疫场所隔离检疫45日;输入其他动物的,应当在口岸动植物检疫机关指定的动物隔离检疫场所隔离检疫30日。动物隔离检疫场所管理办法,由国务院农业行政主管部门制定。

第二十五条 进境的同一批动植物产品分港卸货时,口岸动植物检疫机关只对本港卸下的货物进行检疫，先期卸货港的口岸动植物检疫机关应当将检疫及处理情况及时通知其他分卸港的口岸动植物检疫机关；需要对外出证的，由卸毕港的口岸动植物检疫机关汇总后统一出具检疫证书。

在分卸港实施检疫中发现疫情并必须进行船上熏蒸、消毒时，由该分卸港的口岸动植物检疫机关统一出具检疫证书，并及时通知其他分卸港的口岸动植物检疫机关。

第二十六条 对输入的动植物、动植物产品和其他检疫物，按照中国的国家标准、行业标准以及国家动植物检疫局的有关规定实施检疫。

第二十七条 输入动植物、动植物产品和其他检疫物，经检疫合格的，由口岸动植物检疫机关在报关单上加盖印章或者签发《检疫放行通知单》；需要调离进境口岸海关监管区检疫的，由进境口岸动植物检疫机关签发《检疫调离通知单》。货主或者其代理人凭口岸动植物检疫机关在报关单上加盖的印章或者签发的《检疫放行通知单》、《检疫调离通知单》办理报关、运递手续。海关对输入的动植物、动植物产品和其他检疫物，凭口岸动植物检疫机关在报关单上加盖的印章或者签发的《检疫放行通知单》、《检疫调离通知单》验放。运输、邮电部门凭单运递，运递期间国内其他检疫机关不再检疫。

第二十八条 输入动植物、动植物产品和其他检疫物，经检疫不合格的，由口岸动植物检疫机关签发《检疫处理通知单》，通知货主或者其代理人在口岸动植物检疫机关的监督和技术指导下，作除害处理；需要对外索赔的，由口岸动植物检疫机关出具检疫证书。

第二十九条 国家动植物检疫局根据检疫需要，并商输出动植物、动植物产品国家或者地区政府有关机关同意，可以派检疫人员进行预检、监装或者产地疫情调查。

第三十条 海关、边防等部门截获的非法进境的动植物、动植物产品和其他检疫物，应当就近交由口岸动植物检疫机关检疫。

第四章 出境检疫

第三十一条 货主或者其代理人依法办理动植物、动植物产品和其他检疫物的出境报检手续时，应当提供贸易合同或者协议。

第三十二条 对输入国要求中国对向其输出的动植物、动植物产品和其他检疫物的生产、加工、存放单位注册登记的，口岸动植物检疫机关可以实行注册登记，并报国家动植物检疫局备案。

第三十三条 输出动物，出境前需经隔离检疫的，在口岸动植物检疫机关指定的隔离场所检疫。输出植物、动植物产品和其他检疫物的，在仓库或者货场实施检疫；根据需要，也可以在生产、加工过程中实施检疫。

待检出境植物、动植物产品和其他检疫物，应当数量齐全、包装完好、堆放整齐、唛头标记明显。

第三十四条 输出动植物、动植物产品和其他检疫物的检疫依据：

（一）输入国家或者地区和中国有关动植物检疫规定；

（二）双边检疫协定；

（三）贸易合同中订明的检疫要求。

第三十五条 经启运地口岸动植物检疫机关检疫合格的动植物、动植物产品和其他检疫物，运达出境口岸时，按照下列规定办理：

（一）动物应当经出境口岸动植物检疫机关临床检疫或者复检；

（二）植物、动植物产品和其他检疫物从启运地随原运输工具出境的，由出境口岸动植物检疫机关验证放行；改换运输工具出境的，换证放行；

（三）植物、动植物产品和其他检疫物到达出境口岸后拼装的，因变更输入国家或者地区而有不同检疫要求的，或者超过规定的检疫有效期的，应当重新报检。

第三十六条 输出动植物、动植物产品和其他检疫物，经启运地口岸动植物检疫机关检疫合格的，运达出境口岸时，运输、邮电部门凭启运地口岸动植物检疫机关签发的检疫单证运递，国内其他检疫机关不再检疫。

第五章 过境检疫

第三十七条 运输动植物、动植物产品和其他检疫物过境（含转运，下同）的，承运人或者押运人应当持货运单和输出国家或者地区政府动植物检疫机关出具的证书，向进境口岸动植物检疫机关报检；运输动物过境的，还应当同时提交国家动植物检疫局签发的《动物过境许可证》。

第三十八条 过境动物运达进境口岸时，由进境口岸动植物检疫机关对运输工具、容器的外表进行消毒并对动物进行临床检疫，经检疫合格的，准予过境。进境口岸动植物检疫机关可以派检疫人员监运至出境口岸，出境口岸动植物检疫机关不再检疫。

第三十九条 装载过境植物、动植物产品和其他检疫物的运输工具和包装物、装载容器必须完好。经口岸动植物检疫机关检查，发现运输工具或者包装物、装载容器有可能造成途中散漏的，承运人或者押运人应当按照口岸动植物检疫机关的要求，采取密封措施；无法采取密封措施的，不准过境。

第六章　携带、邮寄物检疫

第四十条　携带、邮寄植物种子、种苗及其他繁殖材料进境，未依法办理检疫审批手续的，由口岸动植物检疫机关作退回或者销毁处理。邮件作退回处理的，由口岸动植物检疫机关在邮件及发递单上批注退回原因；邮件作销毁处理的，由口岸动植物检疫机关签发通知单，通知寄件人。

第四十一条　携带动植物、动植物产品和其他检疫物进境的，进境时必须向海关申报并接受口岸动植物检疫机关检疫。海关应当将申报或者查获的动植物、动植物产品和其他检疫物及时交由口岸动植物检疫机关检疫。未经检疫的，不得携带进境。

第四十二条　口岸动植物检疫机关可以在港口、机场、车站的旅客通道、行李提取处等现场进行检查，对可能携带动植物、动植物产品和其他检疫物而未申报的，可以进行查询并抽检其物品，必要时可以开包（箱）检查。

旅客进出境检查现场应当设立动植物检疫台位和标志。

第四十三条　携带动物进境的，必须持有输出动物的国家或者地区政府动植物检疫机关出具的检疫证书，经检疫合格后放行；携带犬、猫等宠物进境的，还必须持有疫苗接种证书。没有检疫证书、疫苗接种证书的，由口岸动植物检疫机关作限期退回或者没收销毁处理。作限期退回处理的，携带人必须在规定的时间内持口岸动植物检疫机关签发的截留凭证，领取并携带出境；逾期不领取的，作自动放弃处理。

携带植物、动植物产品和其他检疫物进境，经现场检疫合格的，当场放行；需要作实验室检疫或者隔离检疫的，由口岸动植物检疫机关签发截留凭证。截留检疫合格的，携带人持截留凭证向口岸动植物检疫机关领回；逾期不领回的，作自动放弃处理。

禁止携带、邮寄进出境动植物检疫法第二十九条规定的名录所列动植物、动植物产品和其他检疫物进境。

第四十四条 邮寄进境的动植物、动植物产品和其他检疫物，由口岸动植物检疫机关在国际邮件互换局（含国际邮件快递公司及其他经营国际邮件的单位，以下简称邮局）实施检疫。邮局应当提供必要的工作条件。

经现场检疫合格的，由口岸动植物检疫机关加盖检疫放行章，交邮局运递。需要作实验室检疫或者隔离检疫的，口岸动植物检疫机关应当向邮局办理交接手续；检疫合格的，加盖检疫放行章，交邮局运递。

第四十五条 携带、邮寄进境的动植物、动植物产品和其他检疫物，经检疫不合格又无有效方法作除害处理的，作退回或者销毁处理，并签发《检疫处理通知单》交携带人、寄件人。

第七章 运输工具检疫

第四十六条 口岸动植物检疫机关对来自动植物疫区的船舶、飞机、火车，可以登船、登机、登车实施现场检疫。有关运输工具负责人应当接受检疫人员的询问并在询问记录上签字，提供运行日志和装载货物的情况，开启舱室接受检疫。

口岸动植物检疫机关应当对前款运输工具可能隐藏病虫害的餐车、配餐间、厨房、储藏室、食品舱等动植物产品存放、使用场所和泔水、动植物性废弃物的存放场所以及集装箱箱体等区域或者部位，实施检疫；必要时，作防疫消毒处理。

第四十七条 来自动植物疫区的船舶、飞机、火车，经检疫发现有进出境动植物检疫法第十八条规定的名录所列病虫害的，必须作熏蒸、消毒或者其他除害处理。发现有禁止进境的动植物、动植物产品和其他检疫物的，必须作封存或者销毁处理；作封存处理的，在中国境内停留或者运行期间，未经口岸动植物检疫机关许可，不得启封动用。对运输工具上的泔水、动植物性废弃物及其存放场所、容器，应当在口岸动植物检疫机关的监督下作除害处理。

第四十八条 来自动植物疫区的进境车辆，由口岸动植物检疫机关作防疫消毒处理。装载进境动植物、动植物产品和其他检疫物的车辆，经检疫发现病虫害的，连同货物一并作除害处理。装运供应香港、澳门地区的动物的回空车辆，实施整车防疫消毒。

第四十九条 进境拆解的废旧船舶，由口岸动植物检疫机关实施检疫。发现病虫害的，在口岸动植物检疫机关监督下作除害处理。发现有禁止进境的动植物、动植物产品和其他检疫物的，在口岸动植物检疫机关的监督下作销毁处理。

第五十条 来自动植物疫区的进境运输工具经检疫或者经消毒处理合格后，运输工具负责人或者其代理人要求出证的，由口岸动植物检疫机关签发《运输工具检疫证书》或者《运输工具消毒证书》。

第五十一条 进境、过境运输工具在中国境内停留期间，交通员工和其他人员不得将所装载的动植物、动植物产品和其他检疫物带离运输工具；需要带离时，应当向口岸动植物检疫机关报检。

第五十二条 装载动物出境的运输工具，装载前应当在口岸动植物检疫机关监督下进行消毒处理。

装载植物、动植物产品和其他检疫物出境的运输工具，应当符合国家有关动植物防疫和检疫的规定。发现危险性病虫害或者超过规定标准的一般性病虫害的，作除害处理后方可装运。

第八章　检疫监督

第五十三条　国家动植物检疫局和口岸动植物检疫机关对进出境动植物、动植物产品的生产、加工、存放过程，实行检疫监督制度。具体办法由国务院农业行政主管部门制定。

第五十四条　进出境动物和植物种子、种苗及其他繁殖材料，需要隔离饲养、隔离种植的，在隔离期间，应当接受口岸动植物检疫机关的检疫监督。

第五十五条　从事进出境动植物检疫熏蒸、消毒处理业务的单位和人员，必须经口岸动植物检疫机关考核合格。

口岸动植物检疫机关对熏蒸、消毒工作进行监督、指导，并负责出具熏蒸、消毒证书。

第五十六条　口岸动植物检疫机关可以根据需要，在机场、港口、车站、仓库、加工厂、农场等生产、加工、存放进出境动植物、动植物产品和其他检疫物的场所实施动植物疫情监测，有关单位应当配合。

未经口岸动植物检疫机关许可，不得移动或者损坏动植物疫情监测器具。

第五十七条　口岸动植物检疫机关根据需要，可以对运载进出境动植物、动植物产品和其他检疫物的运输工具、装载容器加施动植物检疫封识或者标志；未经口岸动植物检疫机关许可，不得开拆或者损毁检疫封识、标志。

动植物检疫封识和标志由国家动植物检疫局统一制发。

第五十八条　进境动植物、动植物产品和其他检疫物，装载动植物、动植物产品和其他检疫物的装载容器、包装物，运往保税区（含保税工厂、保税仓库等）的，在进境口岸依法实施检疫；口岸动植物检疫机关可以根据具体情况实施检疫监督；经加工复运出境的，依照进出境动植物检疫法和本条例有关出境检疫的规定办理。

第九章　法律责任

第五十九条　有下列违法行为之一的，由口岸动植物检疫机关处 5000 元以下的罚款：

（一）未报检或者未依法办理检疫审批手续或者未按检疫审批的规定执行的；

（二）报检的动植物、动植物产品和其他检疫物与实际不符的。

有前款第（二）项所列行为，已取得检疫单证的，予以吊销。

第六十条　有下列违法行为之一的，由口岸动植物检疫机关处 3000 元以上 3 万元以下的罚款：

（一）未经口岸动植物检疫机关许可擅自将进境、过境动植物、动植物产品和其他检疫物卸离运输工具或者运递的；

（二）擅自调离或者处理在口岸动植物检疫机关指定的隔离场所中隔离检疫的动植物的；

（三）擅自开拆过境动植物、动植物产品和其他检疫的包装，或者擅自开拆、损毁动植物检疫封识或者标志的；

（四）擅自抛弃过境动物的尸体、排泄物、铺垫材料或者其他废弃物，或者未按规定处理运输工具上的泔水、动植物性废弃物的。

第六十一条　依照本法第十七条、第三十二条的规定注册登记的生产、加工、存放动植物、动植物产品和其他检疫物的单位，进出境的上述物品经检疫不合格的，除依照本法有关规定作退回、销毁或者除害处理外，情节严重的，由口岸动植物检疫机关注销注册登记。

第六十二条 有下列违法行为之一的，依法追究刑事责任；尚不构成犯罪或者犯罪情节显著轻微依法不需要判处刑罚的，由口岸动植物检疫机关处 2 万元以上 5 万元以下的罚款：

（一）引起重大动植物疫情的；

（二）伪造、变造动植物检疫单证、印章、标志、封识的。

第六十三条 从事进出境动植物检疫熏蒸、消毒处理业务的单位和人员，不按照规定进行熏蒸和消毒处理的，口岸动植物检疫机关可以视情节取消其熏蒸、消毒资格。

第十章 附 则

第六十四条 进出境动植物检疫法和本条例下列用语的含义：

（一）"植物种子、种苗及其他繁殖材料"，是指栽培、野生的可供繁殖的植物全株或者部分，如植株、苗木（含试管苗）、果实、种子、砧木、接穗、插条、叶片、芽体、块根、块茎、鳞茎、球茎、花粉、细胞培养材料等；

（二）"装载容器"，是指可以多次使用、易受病虫害污染并用于装载进出境货物的容器，如笼、箱、桶、筐等；

（三）"其他有害生物"，是指动物传染病、寄生虫病和植物危险性病、虫、杂草以外的各种为害动植物的生物有机体、病原微生物，以及软体类、啮齿类、螨类、多足虫类动物和危险性病虫的中间寄主、媒介生物等；

（四）"检疫证书"，是指动植物检疫机关出具的关于动植物、动植物产品和其他检疫物健康或者卫生状况的具有法律效力的文件，如《动物检疫证书》、《植物检疫证书》、《动物健康证书》、《兽医卫生证书》、《熏蒸/消毒证书》等。

第六十五条 对进出境动植物、动植物产品和其他检疫物因实施检疫或者按照规定作熏蒸、消毒、退回、销毁等处理所需费用或者招致的损失，由货主、物主或者其代理人承担。

第六十六条 口岸动植物检疫机关依法实施检疫，需要采取样品时，应当出具采样凭单；验余的样品，货主、物主或者其代理人应当在规定的期限内领回；逾期不领回的，由口岸动植物检疫机关按照规定处理。

第六十七条 贸易性动物产品出境的检疫机关，由国务院根据情况规定。

第六十八条 本条例自 1997 年 1 月 1 日起施行。

进境动植物检疫审批管理办法

国家质量监督检验检疫总局令

第 170 号

《国家质量监督检验检疫总局关于修改〈进境动植物检疫审批管理办法〉的决定》已经 2015 年 11 月 6 日国家质量监督检验检疫总局局务会议审议通过，现予公布，自公布之日起施行。

国家质量监督检验检疫总局局长

2015 年 11 月 25 日

（2002 年 8 月 2 日国家质量监督检验检疫总局令第 25 号公布；根据 2015 年 11 月 25 日《国家质量监督检验检疫总局关于修改〈进境动植物检疫审批管理办法〉的决定》修订）

第一章 总 则

第一条 为进一步加强对进境动植物检疫审批的管理工作，防止动物传染病、寄生虫病和植物危险性病虫杂草以及其他有害生物的传入，根据《中华人民共和国进出境动植物检疫法》（以下简称进出境动植物检疫法）及其实施条例的有关规定，制定本办法。

第二条 本办法适用于对进出境动植物检疫法及其实施条例以及国家有关规定需要审批的进境动物（含过境动物）、动植物产品和需要特许审批的禁止进境物的检疫审批。

国家质量监督检验检疫总局（以下简称国家质检总局）根据法律法规的有关规定以及国务院有关部门发布的禁止进境物名录，制定、调整并发布需要检疫审批的动植物及其产品名录。

第三条 国家质检总局统一管理本办法所规定的进境动植物检疫审批工作。国家质检总局或者国家质检总局授权的其他审批机构（以下简称审批机构）负责签发《中华人民共和国进境动植物检疫许可证》（以下简称《检疫许可证》）和《中华人民共和国进境动植物检疫许可证申请未获批准通知单》（以下简称《检疫许可证申请未获批准通知单》）。

各直属出入境检验检疫机构（以下简称初审机构）负责所辖地区进境动植物检疫审批申请的初审工作。

第二章　申　请

第四条 申请办理检疫审批手续的单位（以下简称申请单位）应当是具有独立法人资格并直接对外签订贸易合同或者协议的单位。

过境动物的申请单位应当是具有独立法人资格并直接对外签订贸易合同或者协议的单位或者其代理人。

第五条 申请单位应当在签订贸易合同或者协议前，向审批机构提出申请并取得《检疫许可证》。

过境动物在过境前，申请单位应当向国家质检总局提出申请并取得《检疫许可证》。

第六条 申请单位应当按照规定如实填写并提交《中华人民共和国进境动植物检疫许可证申请表》（以下简称《检疫许可证申请表》），需要初审的，由进境口岸初审机构进行初审；加工、使用地不在进境口岸初审机构所辖地区内的货物，必要时还需由使用地初审机构初审。

申请单位应当向初审机构提供下列材料：

（一）申请单位的法人资格证明文件（复印件）；

（二）输入动物需要在临时隔离场检疫的，应当填写《进境动物临时隔离检疫场许可证申请表》；

（三）输入动物肉类、脏器、肠衣、原毛（含羽毛）、原皮、生的骨、角、蹄、蚕茧和水产品等由国家质检总局公布的定点企业生产、加工、存放的，申请单位需提供与定点企业签订的生产、加工、存放的合同；

（四）按照规定可以核销的进境动植物产品，同一申请单位第二次申请时，应当按照有关规定附上一次《检疫许可证》（含核销表）；

（五）办理动物过境的，应当说明过境路线，并提供输出国家或者地区官方检疫部门出具的动物卫生证书（复印件）和输入国家或者地区官方检疫部门出具的准许动物进境的证明文件；

（六）因科学研究等特殊需要，引进进出境动植物检疫法第五条第一款所列禁止进境物的，必须提交书面申请，说明其数量、用途、引进方式、进境后的防疫措施、科学研究的立项报告及相关主管部门的批准立项证明文件；

（七）需要提供的其他材料。

第三章 审核批准

第七条 初审机构对申请单位检疫审批申请进行初审的内容包括：

（一）申请单位提交的材料是否齐全，是否符合本办法第四条、

第六条的规定；

（二）输出和途经国家或者地区有无相关的动植物疫情；

（三）是否符合中国有关动植物检疫法律法规和部门规章的规定；

（四）是否符合中国与输出国家或者地区签订的双边检疫协定（包括检疫协议、议定书、备忘录等）；

（五）进境后需要对生产、加工过程实施检疫监督的动植物及其产品，审查其运输、生产、加工、存放及处理等环节是否符合检疫防疫及监管条件，根据生产、加工企业的加工能力核定其进境数量；

（六）可以核销的进境动植物产品，应当按照有关规定审核其上一次审批的《检疫许可证》的使用、核销情况。

第八条 初审合格的，由初审机构签署初审意见。同时对考核合格的动物临时隔离检疫场出具《进境动物临时隔离检疫场许可证》。对需要实施检疫监管的进境动植物产品，必要时出具对其生产加工存放单位的考核报告。由初审机构将所有材料上报国家质检总局审核。

初审不合格的，将申请材料退回申请单位。

第九条 同一申请单位对同一品种、同一输出国家或者地区、同一加工、使用单位一次只能办理1份《检疫许可证》。

第十条 国家质检总局或者初审机构认为必要时，可以组织有关专家对申请进境的产品进行风险分析，申请单位有义务提供有关资料和样品进行检测。

第十一条 国家质检总局根据审核情况，自初审机构受理申请之日起二十日内签发《检疫许可证》或者《检疫许可证申请未获批准通知单》。二十日内不能做出许可决定的，经国家质检总局负责人批准，可以延长十日，并应当将延长期限的理由告知申请单位。

第四章 许可单证的管理和使用

第十二条 《检疫许可证申请表》、《检疫许可证》和《检疫许可证申请未获批准通知单》由国家质检总局统一印制和发放。

《检疫许可证》由国家质检总局统一编号。

第十三条 《检疫许可证》的有效期分别为 3 个月或者一次有效。除对活动物签发的《检疫许可证》外，不得跨年度使用。

第十四条 按照规定可以核销的进境动植物产品，在许可数量范围内分批进口、多次报检使用《检疫许可证》的，进境口岸检验检疫机构应当在《检疫许可证》所附检疫物进境核销表中进行核销登记。

第十五条 有下列情况之一的，申请单位应当重新申请办理《检疫许可证》：

（一）变更进境检疫物的品种或者超过许可数量百分之五以上的；

（二）变更输出国家或者地区的；

（三）变更进境口岸、指运地或者运输路线的。

第十六条 有下列情况之一的，《检疫许可证》失效、废止或者终止使用：

（一）《检疫许可证》有效期届满未延续的，国家质检总局应当依法办理注销手续；

（二）在许可范围内，分批进口、多次报检使用的，许可数量全部核销完毕的，国家质检总局应当依法办理注销手续；

（三）国家依法发布禁止有关检疫物进境的公告或者禁令后，

国家质检总局可以撤回已签发的《检疫许可证》；

（四）申请单位违反检疫审批的有关规定，国家质检总局可以撤销已签发的《检疫许可证》。

第十七条 申请单位取得许可证后，不得买卖或者转让。口岸检验检疫机构在受理报检时，必须审核许可证的申请单位与检验检疫证书上的收货人、贸易合同的签约方是否一致，不一致的不得受理报检。

第五章 附 则

第十八条 申请单位违反本办法规定的，由检验检疫机构依据有关法律法规的规定予以处罚。

第十九条 国家质检总局可以授权直属出入境检验检疫局对其所辖地区进境动植物检疫审批申请进行审批，签发《检疫许可证》或者出具《检疫许可证申请未获批准通知单》。

第二十条 检验检疫机构及其工作人员在办理进境动植物检疫审批工作时，必须遵循公开、公正、透明的原则，依法行政，忠于职守，自觉接受社会监督。

检验检疫机构工作人员违反法律法规及本办法规定，滥用职权，徇私舞弊，故意刁难的，由其所在单位或者上级机构按照规定查处。

第二十一条 本办法由国家质检总局负责解释。

第二十二条 本办法自 2002 年 9 月 1 日起施行。

进境栽培介质检疫管理办法

国家出入境检验检疫局

第 13 号

现发布《进境栽培介质检疫管理办法》，自 2000 年 1 月 1 日起施行。

国家出入境检验检疫局局长

一九九九年十二月九日

第一章 总 则

第一条 为了防止植物危险性有害生物随进境栽培介质传入我国，根据《中华人民共和国进出境动植物检疫法》及其实施条例，制定本办法。

第二条 本办法适用于进境的除土壤外的所有由一种或几种混合的具有贮存养分、保持水分、透气良好和固定植物等作用的人工或天然固体物质组成的栽培介质（栽培介质的中英文名称见附件）。

第三条 国家出入境检验检疫局（以下简称国家检验检疫局）统一管理全国进境栽培介质的检疫审批工作。国家检验检疫局设在各地的出入境检验检疫机构（以下简称检验检疫机构）负责所辖地区进境栽培介质的检疫和监管工作。

第二章 检疫审批

第四条 使用进境栽培介质的单位必须事先提出申请，并应当在贸易合同或协议签订前办理检疫审批手续。

第五条 办理栽培介质进境检疫审批手续必须符合下列条件：

（一）栽培介质输出国或者地区无重大植物疫情发生；

（二）栽培介质必须是新合成或加工的，从工厂出品至运抵我国国境要求不超过四个月，且未经使用；

（三）进境栽培介质中不得带有土壤；

第六条 使用进境栽培介质的单位应当如实填写《中华人民共和国国家出入境检验检疫局进境动植物检疫许可证申请表》，并附具栽培介质的成分检验、加工工艺流程、防止有害生物及土壤感染的措施、有害生物检疫报告等有关材料。

对首次进口的栽培介质，进口单位办理审批时，应同时将经特许审批进口的样品每份 1.5—5 公斤，送国家检验检疫局指定的实验室检验，并由其出具有关检验结果和风险评估报告。

第七条 经审查合格，由国家检验检疫局签发《中华人民共和国国家出入境检验检疫局进境动植物检疫许可证》，并签署进境检疫要求，指定其进境口岸和限定其使用范围和时间。

第三章 进境检疫

第八条 输入栽培介质的货主或其代理人，应当在进境前持检疫审批单向进境口岸检验检疫机构报检，并提供输出国官方植物检疫证书、贸易合同、信用证和发票等单证。检疫证书上必须注明栽培介质经检疫符合中国的检疫要求。

第九条 栽培介质进境时，检验检疫机构对进境栽培介质及其包装和填充物实施检疫。必要时，可提取部分样品送交国家检验检疫局指定的有关实验室，确认是否与审批时所送样品一致。

经检疫未发现病原真菌、细菌和线虫、昆虫、软体动物及其他有害生物的栽培介质，准予放行。

第十条 携带有其它危险性有害生物的栽培介质，经实施有效除害处理并经检疫合格后，准予放行。

第十一条 对以下栽培介质做退回或销毁处理：

（一）未按规定办理检疫审批手续的；

（二）带有土壤的；

（三）带有我国进境植物检疫一、二类危险性有害生物或对我国农、林、牧、渔业有严重危害的其他危险性有害生物，又无有效除害处理办法的；

（四）进境栽培介质与审批品种不一致的。

第四章 检疫监管

第十二条 国家检验检疫局对向我国输出贸易性栽培介质的国外生产、加工、存放单位实行注册登记制度。必要时，商输出国有关部门同意，派检疫人员赴产地进行预检、监装或者产地疫情调查。

第十三条 使用进境栽培介质的单位，须向口岸检验检疫机构申请注册登记。检验检疫机构对其进境的栽培介质使用过程、隔离设施和卫生条件等指标进行考核验收，合格后发给注册登记证。

第十四条 检验检疫机构应对栽培介质进境后的使用范围和使用过程进行定期检疫监管和疫情检测，发现疫情和问题及时采取相应的处理措施，并将情况上报国家检验检疫局。对直接用于植物栽培的，监管时间至少为被栽培植物的一个生长周期。

第十五条 带有栽培介质的进境参展盆栽植物必须具备严格的隔离措施。进境时应更换栽培介质并对植物进行洗根处理，如确需保活而不能进行更换栽培介质处理的盆栽植物，必须按有关规定向国家检验检疫局办理进口栽培介质审批手续，但不需预先提供样品。

第十六条 带有栽培介质的进境参展植物在参展期间由参展地检验检疫机构进行检疫监管；展览结束后需要在国内销售的应按有关贸易性进境栽培介质检疫规定办理。

第五章 附 则

第十七条 对违反本办法的有关当事人，依照《中华人民共和国进出境动植物检疫法》及其实施条例给予处罚。

第十八条 本办法由国家检验检疫局负责解释。

第十九条 本办法自 2000 年 1 月 1 日起执行。

附件：栽培介质的中英文名称（略）

进境植物繁殖材料检疫管理办法

国家出入境检验检疫局

第 10 号

现发布《进境植物繁殖材料检疫管理办法》，自 2000 年 1 月 1 日起施行。

国家出入境检验检疫局局长

一九九九年十二月九日

第一章　总　则

第一条　为防止植物危险性有害生物随进境植物繁殖材料传入我国，保护我国农林生产安全，根据《中华人民共和国进出境动植物检疫法》及其实施条例等有关法律、法规的规定，制定本办法。

第二条　本办法适用于通过各种方式进境的贸易性和非贸易性植物繁殖材料（包括贸易、生产、来料加工、代繁、科研、交换、展览、援助、赠送以及享有外交、领事特权与豁免权的外国机构和人员公用或自用的进境植物繁殖材料）的检疫管理。

第三条　国家出入境检验检疫局（以下简称国家检验检疫局）统一管理全国进境植物繁殖材料的检疫工作，国家检验检疫局设在各地的出入境检验检疫机构（以下简称检验检疫机构）负责所辖地区的进境繁殖材料的检疫和监督管理工作。

第四条　本办法所称植物繁殖材料是植物种子、种苗及其它繁殖材料的统称，指栽培、野生的可供繁殖的植物全株或者部分，如植株、苗木（含试管苗）、果实、种子、砧木、接穗、插条、叶片、芽体、块根、块茎、鳞茎、球茎、花粉、细胞培养材料（含转基因植物）等。

第五条 对进境植物繁殖材料的检疫管理以有害生物风险评估为基础，按检疫风险高低实行风险分级管理。

各类进境植物繁殖材料的风险评估由国家检验检疫局负责并公布其结果。

第二章 检疫审批

第六条 输入植物繁殖材料的，必须事先办理检疫审批手续，并在贸易合同中列明检疫审批提出的检疫要求。进境植物繁殖材料的检疫审批根据以下不同情况分别由相应部门负责：

（一）因科学研究、教学等特殊原因，需从国外引进禁止进境的植物繁殖材料的，引种单位、个人或其代理人须按照有关规定向国家检验检疫局申请办理特许检疫审批手续。

（二）引进非禁止进境的植物繁殖材料的，引种单位、个人或其代理人须按照有关规定向国务院农业或林业行政主管部门及各省、自治区、直辖市农业（林业）厅（局）申请办理国外引种检疫审批手续。（三）携带或邮寄植物繁殖材料进境的，因特殊原因无法事先办理检疫审批手续的，携带人或邮寄人应当向入境口岸所在地直属检验检疫机构申请补办检疫审批手续。

（四）因特殊原因引进带有土壤或生长介质的植物繁殖材料的，引种单位、个人或其代理人须向国家检验检疫局申请办理输入土壤和生长介质的特许检疫审批手续。

第七条 国家检验检疫局在办理特许检疫审批手续时，将根据审批物原产地的植物疫情、入境后的用途、使用方式，提出检疫要求，并指定入境口岸。入境口岸或该审批物隔离检疫所在地的直属检验检疫局机构对存放、使用或隔离检疫场所的防疫措施和条件进行核查，并根据有关检疫要求进行检疫。

第八条 引种单位、个人或其代理人应在植物繁殖材料进境前10—15日，将《进境动植物检疫许可证》或《引进种子、苗木检疫审批单》送入境口岸直属检验检疫机构办理备案手续。

对不符合有关规定的检疫审批单，直属检验检疫机构可拒绝办理备案手续。

第三章 进境检疫

第九条 国家检验检疫局根据需要，对向我国输出植物繁殖材料的国外植物繁殖材料种植场（圃）进行检疫注册登记，必要时商输出国（或地区）官方植物检疫部门同意后，可派检疫人员进行产地疫情考察和预检。

第十条 引种单位、个人或其代理人应在植物繁殖材料进境前7日持经直属检验检疫机构核查备案的《进境动植物检疫许可证》或《引进种子、苗木检疫审批单》、输出国家（或地区）官方植物检疫部门出具的植物检疫证书、产地证书、贸易合同或信用证、发票以及其它必要的单证向指定的检验检疫机构报检。

受引种单位委托引种的，报检时还需提供有关的委托协议。

第十一条 植物繁殖材料到达入境口岸时，检疫人员要核对货证是否相符，按品种、数（重）量、产地办理核销手续。

第十二条 对进境植物繁殖材料的检疫，必须严格按照有关国家标准、行业标准以及国家检验检疫局的规定实施。

第十三条 进境植物繁殖材料经检疫后，根据检疫结果分别作如下处理：

（一）属于低风险的，经检疫未发现危险性有害生物，限定的非检疫性有害生物未超过有关规定的，给予放行；检疫发现危险性有害生物，或限定的非检疫性有害生物超过有关规定的，经有效的检疫处理后，给予放行；未经有效处理的，不准入境。

（二）属于高、中风险的，经检疫未发现检疫性有害生物，限定的非检疫性有害生物未超过有关规定的，运往指定的隔离检疫圃隔离检疫；经检疫发现检疫性有害生物，或限定的非检疫性有害生物超过有关规定，经有效的检疫处理后，运往指定的隔离检疫圃隔离检疫；未经有效处理的，不准入境。

第四章　隔离检疫

第十四条　所有高、中风险的进境植物繁殖材料必须在检验检疫机构指定的隔离检疫圃进行隔离检疫。

检验检疫机构凭指定隔离检疫圃出具的同意接收函和经检验检疫机构核准的隔离检疫方案办理调离检疫手续，并对有关植物繁殖材料进入隔离检疫圃实施监管。

第十五条　需调离入境口岸所在地直属检验检疫机构辖区进行隔离检疫的进境繁殖材料，入境口岸检验检疫机构凭隔离检疫所在地直属检验检疫机构出具的同意调入函予以调离。

第十六条　进境植物繁殖材料的隔离检疫圃按照设施条件和技术水平等分为国家隔离检疫圃、专业隔离检疫圃和地方隔离检疫圃。检验检疫机构对隔离检疫圃的检疫管理按照国家检验检疫局制定的"进境植物繁殖材料隔离检疫圃管理办法"执行。

第十七条　高风险的进境植物繁殖材料必须在国家隔离检疫圃隔离检疫。

因承担科研、教学等需要引进高风险的进境植物繁殖材料，经报国家检验检疫局批准后，可在专业隔离检疫圃实施隔离检疫。

第十八条 检验检疫机构对进境植物繁殖材料的隔离检疫实施检疫监督。未经检验检疫机构同意，任何单位或个人不得擅自调离、处理或使用进境植物繁殖材料。

第十九条 隔离检疫圃负责对进境隔离检疫圃植物繁殖材料的日常管理和疫情记录，发现重要疫情应及时报告所在地检验检疫机构。

第二十条 隔离检疫结束后，隔离检疫圃负责出具隔离检疫结果和有关检疫报告。隔离检疫圃所在地检验检疫机构负责审核有关结果和报告，结合进境检疫结果做出相应处理，并出具相关单证。

在地方隔离检疫圃隔离检疫的，由负责检疫的检验检疫机构出具隔离检疫结果和报告。

第五章　检疫监督

第二十一条 检验检疫机构对进境植物繁殖材料的运输、加工、存放和隔离检疫等过程，实施检疫监督管理。承担进境植物繁殖材料运输、加工、存放和隔离检疫的单位，必须严格按照检验检疫机构的检疫要求，落实防疫措施。

第二十二条 引种单位或代理进口单位须向所在地检验检疫机构办理登记备案手续；隔离检疫圃须经检验检疫机构考核认可。

第二十三条 进境植物繁殖材料到达入境口岸后，未经检验检疫机构许可不得卸离运输工具。因口岸条件限制等原因，经检验检疫机构批准，可以运往指定地点检疫、处理。在运输装卸过程中，引种单位、个人或者其代理人应当采取有效防疫措施。

第二十四条 供展览用的进境植物繁殖材料，在展览期间，必须接受所在地检验检疫机构的检疫监管，未经其同意，不得改作它用。展览结束后，所有进境植物繁殖材料须作销毁或退回处理，如因特殊原因，需改变用途的，按正常进境的检疫规定办理。展览遗弃的植物繁殖材料、生长介质或包装材料在检验检疫机构监督下进行无害化处理。

第二十五条 对进入保税区（含保税工厂、保税仓库等）的进境植物繁殖材料须外包装完好，并接受检验检疫机构的监管。需离开保税区在国内作繁殖用途的，按本办法规定办理。

第二十六条 检验检疫机构根据需要应定期对境内的进境植物繁殖材料主要种植地进行疫情调查和监测，发现疫情要及时上报。

第六章　附　则

第二十七条 对违反本办法的单位和个人，依照《中华人民共和国进出境动植物检疫法》及其实施条例予以处罚。

第二十八条 本办法由国家检验检疫局负责解释。

第二十九条 本办法自 2000 年 1 月 1 日起施行。

进境植物繁殖材料隔离检疫圃管理办法

国家出入境检验检疫局

第 11 号

现发布《进境植物繁殖材料隔离检疫圃管理办法》，自 2000 年 1 月 1 日起施行。

国家出入境检验检疫局局长

一九九九年十二月九日

第一条　为做好进境植物繁殖材料隔离检疫工作，防止植物危险性有害生物传入我国，根据《中华人民共和国进出境动植物检疫法》及其实施条例等有关法律法规的规定，制定本办法。

第二条　本办法所指的进境植物繁殖材料隔离检疫圃（以下简称隔离检疫圃）应当由国家出入境检验检疫局（以下简称国家检验检疫局）或国家检验检疫局直属的出入境检验检疫局（以下简称直属检验检疫机构）核准，授予承担进境植物繁殖材料隔离检疫工作的资格。

第三条　隔离检疫圃根据出入境检验检疫机构（以下简称检验检疫机构）的要求，承担进境的高、中风险的植物繁殖材料的隔离检疫，出具隔离检疫结果和报告，并负责隔离检疫期间进境植物繁殖材料的保存和防疫工作。

第四条　隔离检疫圃依据隔离条件、技术水平和运作方式分为：

（一）国家隔离检疫圃（以下简称国家圃）：承担进境高、中风险植物繁殖材料的隔离检疫工作。

（二）专业隔离检疫圃（以下简称专业圃）：承担因科研、教学等需要引进的高、中风险植物繁殖材料的隔离检疫工作。

（三）地方隔离检疫圃（以下简称地方圃）：承担中风险进境植物繁殖材料的隔离检疫工作。

隔离检疫圃的工作程序由国家检验检疫局另行制订。

第五条 从事进境植物繁殖材料隔离工作的隔离检疫圃须按以下程序办理申请手续：

（一）申请成为国家圃或专业圃的隔离检疫圃，须事先向国家检验检疫局提出书面申请，并同时提交其隔离条件、设施、仪器设备、人员、管理措施等资料；国家检验检疫局在接到申请后三十个工作日内完成对有关资料的审核工作，并视情况委托直属检验检疫机构进行实地考察；直属检验检疫机构在接到国家检验检疫局的委托后十五个工作日内完成考察并向国家检验检疫局提交考察报告；国家检验检疫局根据资料审核和考察结果在十五个工作日内作出是否给予核准的决定。

（二）申请成为地方圃的隔离检疫圃，须在进境植物繁殖材料入圃前30日向直属检验检疫机构提出书面申请，并同时提交其隔离条件、设施、仪器设备、人员、管理措施等材料；直属检验检疫机构在接到申请后十五个工作日内完成资料审核和实地考察工作，并作出是否给予核准的决定。

（三）对于已经核准为国家圃、专业圃或地方圃的隔离检疫圃，检验检疫机构将对其进行定期考核。

第六条 进境植物繁殖材料进入隔离检疫圃之前，隔离检疫圃负责根据有关检疫要求制定具体的检疫方案，并报所在地检验检疫机构核准、备案。

第七条　进境植物繁殖材料的隔离种植期限按检疫审批要求执行。检疫审批不明确的，则按以下要求执行：

（一）一年生植物繁殖材料至少隔离种植一个生长周期；

（二）多年生植物繁殖材料一般隔离种植2—3年；

（三）因特殊原因，在规定时间内未得出检疫结果的可适当延长隔离种植期限。

第八条　隔离检疫圃须严格按照所在地检验检疫机构核准的隔离检疫方案按期完成隔离检疫工作，并定期向所在地检验检疫机构报告隔离检疫情况，接受检疫监督。如发现疫情，须立即报告所在地检验检疫机构，并采取有效防疫措施。

第九条　隔离检疫期间，隔离检疫圃应当妥善保管隔离植物繁殖材料；未经检验检疫机构同意，不得擅自将正在进行隔离检疫的植物繁殖材料调离、处理或作它用。

第十条　隔离检疫圃内，同一隔离场地不得同时隔离两批（含两批）以上的进境植物繁殖材料，不准将与检疫无关的植物种植在隔离场地内。

第十一条　隔离检疫完成后，隔离检疫圃负责出具隔离检疫结果和有关的检疫报告。隔离检疫圃所在地检验检疫机构负责审核有关结果和报告，结合进境检疫结果做出相应的处理，并出具有关单证。

在地方隔离检疫圃隔离检疫的，由具体负责隔离检疫的检验检疫机构出具结果和报告。

第十二条　隔离检疫圃完成进境植物繁殖材料隔离检疫后，应当对进境植物繁殖材料的残体作无害化处理。隔离场地使用前后，应当对用具、土壤等进行消毒。

第十三条 违反本办法规定的，依照《中华人民共和国进出境动植物检疫法》及其实施条例的规定予以处罚。

第十四条 本办法由国家检验检疫局负责解释。

第十五条 本办法自 2000 年 1 月 1 日起施行。原国家动植物检疫局 1991 年发布的《引进植物种苗隔离检疫圃管理办法（试行）》同时废止。

出境竹木草制品检疫管理办法

国家质量监督检验检疫总局令
第 45 号

《出境竹木草制品检疫管理办法》已经 2003 年 4 月 3 日国家质量监督检验检疫总局局务会议审议通过，现予公布，自 2003 年 7 月 1 日起施行。

二○○三年四月十六日

第一章 总 则

第一条 为规范出境竹木草制品的检疫管理工作，提高检疫工作质量和效率，根据《中华人民共和国进出境动植物检疫法》及其实施条例等法律法规的规定，制定本办法。

第二条 本办法适用于出境竹木草制品（包括竹、木、藤、柳、草、芒等制品）的检疫及监督管理。

第三条 国家质量监督检验检疫总局（以下简称国家质检总局）主管全国出境竹木草制品检疫和监督管理工作。

国家质检总局设在各地的出入境检验检疫机构（以下简称检验检疫机构）负责所辖区域内出境竹木草制品的检疫和监督管理工作。

第四条 国家质检总局对出境竹木草制品及其生产加工企业（以下简称企业）实施分级分类监督管理。

第二章 分级分类管理

第五条 根据生产加工工艺及防疫处理技术指标等，竹木草制品分为低、中、高 3 个风险等级：

（一）低风险竹木草制品：经脱脂、蒸煮、烘烤及其他防虫、防霉等防疫处理的；

（二）中风险竹木草制品：经熏蒸或者防虫、防霉药剂处理等防疫处理的；

（三）高风险竹木草制品：经晾晒等其他一般性防疫处理的。

第六条 检验检疫机构对出境竹木草制品的企业进行评估、考核，将企业分为一类、二类、三类 3 个企业类别。

第七条 一类企业应当具备以下条件：

（一）遵守检验检疫法律法规等有关规定；

（二）应当建立完善的质量管理体系，包括生产、加工、存放等环节的防疫措施及厂检员管理制度等；

（三）配备专职的厂检员，负责生产、加工、存放等环节防疫措施的监督、落实及产品厂检工作；

（四）在生产过程中采用防虫、防霉加工工艺，并配备与其生产能力相适应的防虫、防霉处理设施及相关的检测仪器；

（五）原料、生产加工、成品存放场所，应当专用或者相互隔离，并保持环境整洁、卫生；

（六）年出口批次不少于 100 批；

（七）检验检疫年批次合格率达 99% 以上；

（八）检验检疫机构依法规定的其他条件。

第八条 二类企业应当具备以下条件：

（一）遵守检验检疫法律法规等有关规定；

（二）企业建立质量管理体系，包括生产、加工、存放等环节的防疫措施及厂检员管理制度等；

（三）配备专职或者兼职的厂检员，负责生产、加工、存放等环节防疫措施的监督、落实及产品厂检工作；

（四）在生产过程中采用防虫、防霉加工工艺，具有防虫、防霉处理设施；

（五）成品存放场所应当独立，生产加工环境整洁、卫生；

（六）年出口批次不少于 30 批次；

（七）检验检疫年批次合格率达 98% 以上；

（八）检验检疫机构依法规定的其他条件。

第九条　不具备一类或者二类条件的企业以及未申请分类考核的企业定为三类企业。

第十条　企业本着自愿的原则，向所在地检验检疫机构提出实施分类管理的书面申请，并提交以下资料（一式两份）：

（一）《出境竹木草制品生产加工企业分类管理考核申请表》；

（二）工商营业执照复印件；

（三）企业厂区平面图；

（四）生产工艺及流程图；

（五）相应的防疫措施和质量管理的文件；

（六）检验检疫机构需要的其他资料。

第十一条　检验检疫机构自接到申请资料之日起 10 个工作日内，完成对申请资料的初审。

企业提交的申请资料不齐全的，应当在规定期限内补齐；未能在规定期限补齐的，视为撤回申请。

第十二条　初审合格后，检验检疫机构在 10 个工作日内完成对申请企业的考核。根据考核结果，由直属检验检疫局确定企业类别，并及时公布。

第十三条　有以下情况之一的，企业应当重新提出申请：

（一）申请企业类别升级的；

（二）企业名称、法定代表人或者生产加工地点变更的；

（三）生产工艺和设备等发生重大变化的。

第三章　出境检疫

第十四条　输出竹木草制品的检疫依据：

（一）我国与输入国家或者地区签定的双边检疫协定（含协议、备忘录等）；

（二）输入国家或者地区的竹木草制品检疫规定；

（三）我国有关出境竹木草制品的检疫规定；

（四）贸易合同、信用证等订明的检疫要求。

第十五条　企业或者其代理人办理出境竹木草制品报检手续时，应当按照检验检疫报检规定提供有关单证。一类、二类企业报检时应当同时提供《出境竹木草制品厂检记录单》（以下简称厂检记录单）。

第十六条　根据企业的类别和竹木草制品的风险等级，出境竹木草制品的批次抽查比例为：

（一）一类企业的低风险产品，抽查比例5%—10%；

（二）一类企业的中风险产品、二类企业的低风险产品，抽查比例10—30%；

（三）一类企业的高风险产品、二类企业的中风险产品和三类企业的低风险产品，抽查比例30—70%；

（四）二类企业的高风险产品，三类企业的中风险和高风险产品，抽查比例70—100%。

第十七条　检验检疫机构根据企业日常监督管理情况、出口季节和输往国家（地区）的差别以及是否出具《植物检疫证书》或者《熏蒸/消毒证书》等，在规定范围内，确定出境竹木草制品的批次抽查比例。

第十八条 出境竹木草制品经检疫合格的，按照有关规定出具相关证单；经检疫不合格的，经过除害、重新加工等处理合格后方可放行；无有效处理方法的，不准出境。

第四章 监督管理

第十九条 检验检疫机构对出境竹木草制品的生产、加工、存放实施全过程的监督管理。

第二十条 检验检疫机构对企业实施日常监督管理，内容主要包括：

（一）检查企业质量管理体系有效运行和生产、加工、存放等环节的防疫措施执行情况；

（二）检查企业生产、加工、存放等条件是否符合防疫要求；

（三）检查厂检记录以及厂检员对各项防疫措施实施监督的情况和相应记录；

（四）企业对质量问题的整改情况；

（五）其他应当检查的内容。

在实施日常监督管理中，检验检疫机构应当填写《出境竹木草制品监管记录》。

第二十一条 检验检疫机构应当建立竹木草制品企业的检疫管理档案。

第二十二条 检验检疫机构对企业的分类实行动态管理，有以下情况之一的，对企业做类别降级处理：

（一）生产、加工、存放等环节的防疫措施不到位；

（二）厂检员未按要求实施检查与监督；

（三）检验检疫机构对出境竹木草制品实施检疫，连续2次以上检疫不合格；

（四）1 年内出境检验检疫批次合格率达不到所在类别要求；

（五）其他不符合有关检验检疫要求的。

对做类别降级处理的企业限期整改，经整改合格的，可恢复原类别。

第二十三条 企业不如实填写厂检记录单或者伪造、变造、出售和盗用厂检记录单的，直接降为三类企业管理。

第二十四条 检验检疫机构对企业厂检员进行培训，厂检员经考核合格方可上岗。厂检员应当如实填写厂检记录单，并对厂检结果负责。

第五章　附　则

第二十五条 违反本办法规定的，检验检疫机构按照有关法律法规规定处理。

第二十六条 本办法由国家质检总局负责解释。

第二十七条 本办法自 2003 年 7 月 1 日起施行。

进境花卉检疫管理办法

动植检植字 (1998) 4 号

第一条 为了防止植物检疫性有害生物随进境花卉传入我国，保护我国花卉生产安全，根据《中华人民共和国进出境动植物检疫法实施条例》的规定，制定本办法。

第二条 本办法适用于贸易、科研、交换、携带、邮寄、展览、赠送以及享有外交、领事特权与豁免权的外国机构和人员公用或者自用的进境花卉，包括花卉种苗（花卉种子、花卉种球、花卉苗木）和切花（切叶）。

第三条 花卉种苗进境前，货主或者其代理人必须事先提出申请，按照有关规定办理检疫审批手续，经审批同意后，方可对外签订贸易合同或者协议，并将检疫要求列入有关条款中。

携带、邮寄的花卉种苗，因特殊情况无法事先办理检疫审批手续的，携带人或者收件人应当在口岸补办检疫审批手续，经审批同意并检疫合格后方准进境。

第四条 国家动植物检疫局和口岸动植物检疫机关根据情况对向我国出口的贸易性花卉种苗的外国花卉公司实行注册登记制度。必要时，商输出国家有关部门同意派检疫人员赴输出国产地进行疫情调查和预检。

口岸动植物检疫机关对进境花卉种苗国内种植地实行检疫监督管理。

第五条 花卉种苗进境时应符合下列条件：

（一）附有检疫审批单；

（二）附有输出国家或者地区官方植物检疫部门出具的植物检疫证书；

（三）不得带有我国规定的进境植物检疫性有害生物；

（四）不得带有土壤；

（五）符合中国与输出国家或者地区签订的有关双边植物检疫协定、备忘录、议定书、工作计划等；

（六）原产地标记明确。

第六条 随花卉进境的营养介质也应符合国家动植物检疫局制定的有关规定。

第七条 货主或者其代理人应当在花卉进境前或者进境时，向进境口岸动植物检疫机关报检。报检时，应当填写报检单，提交输出国家或者地区官方出具的植物检疫证书、贸易合同等单证。

第八条 对进境的花卉种苗，检疫人员应根据不同的产地、数量、种类、品种和质量状况按规定进行现场检疫和抽样，并将样品及时送实验室检验。

第九条 进境花卉种苗，须作以下隔离检疫：

（一）属资源性引种的须在国家级检疫隔离圃隔离种植；

（二）属生产性引种的须在口岸动植物检疫机关认可的隔离场所进行隔离种植。

隔离种植期间，种植地口岸动植物检疫机关应进行检疫和监管。检疫隔离场所需符合下列条件：

——具有防虫能力的网室、温室，或者具有自然隔离条件；

——与同科其他植物隔离；

——配备有植保专业技术人员；

——具有防止隔离植物流失和病、虫扩散的管理措施。

第十条　进境口岸动植物检疫机关对进境花卉种苗调离至辖区外种植的，应及时将检疫情况及流向通知种植地口岸动植物检疫机关进行隔离种植检疫和监管。

属于转关的，货主或者其代理人应当在进境时向进境口岸动植物检疫机关申报，到种植地口岸动植物检疫机关报检并检疫。进境口岸动植物检疫机关应及时将有关信息通知种植地口岸动植物检疫机关。

第十一条　根据现场和室内检疫结果，在进境花卉中发现植物检疫性有害生物的，作除害处理，无有效除害处理方法的，作销毁或者退回处理；发现有刺吸性传毒昆虫的，作灭虫处理；在营养介质中发现寄生性线虫的，作杀灭线虫处理。

在隔离检疫期间，发现植物检疫性有害生物的，对隔离检疫的所有花卉种苗作销毁处理，并作好疫情监测工作。

第十二条　在进境花卉检疫中发现携带有检疫性有害生物并进行检疫处理的，口岸动植物检疫机关将出具植物检疫证书供货主对外索赔。

第十三条　在进境花卉检疫中发现携带有检疫性有害生物的，且又无有效检疫处理方法的，将暂停从该国进境此种花卉。待输出国植物检疫部门采取有效措施并经国家动植物检疫局确认后方可恢复进口。

第十四条　在中国举办展览用的进境花卉，按下列要求办理：

（一）展览前，举办单位或者代理人应向当地口岸动植物检疫机关提出申请，详细提供展览用的花卉种类、数量、产地等有关信息，并报国家动植物检疫局批准后，方可对外签订展览合同或者协议。

（二）入境时，接受口岸动植物检疫机关的检疫；

（三）展览期间，接受口岸动植物检疫机关的检疫监督管理。

（四）展览期间或者结束后，对带有土壤的花卉种苗，如需销售或者转赠的，须进行换土，换下的土壤作无害化处理。遗弃的花卉种苗须在口岸动植物检疫机关的监督下进行销毁处理。

第十五条 本办法自 1998 年 4 月 1 日起施行。

关于加强进出境种苗花卉检验检疫工作的通知

国质检动函〔2007〕831号

各直属检验检疫局，检科院，标法中心：

种苗花卉是植物检验检疫风险极高的农产品，受到世界各国检验检疫部门的高度关注。为贯彻落实全国质量工作会议精神，确保进出境种苗花卉质量和安全，防止疫情传入传出，根据《国务院关于加强食品等产品安全监督管理的特别规定》、《国务院关于加强产品质量和食品安全工作的通知》和《全国产品质量和食品安全专项整治行动方案》，现就加强进出境种苗花卉检验检疫工作有关要求通知如下：

一、统一思想，提高认识，建立进出境种苗花卉科学管理体系

（一）当前进出境种苗花卉数量大、种类多、贸易方式复杂，时效性要求高，检验检疫监管难度大。各级检验检疫机构要充分认识做好进出境种苗花卉检验检疫工作的重要性、艰巨性、复杂性，用科学发展观指导检验检疫工作，创造性地开展工作，以适应当前进出境种苗花卉贸易快速发展的需要，切实提高进出境种苗花卉检验检疫工作的有效性，防范有害生物传入传出，保护农林业生产和生态环境安全。

（二）从事出境种苗花卉生产经营企业要建立种苗花卉种植、加工、包装、储运、出口等全过程质量安全保障体系，完善溯源记录，推行节能、节水、环保的生产方式，加强对有害生物的监测与控制，采取有效措施防止病虫害发生与传播扩散。

（三）从事进境种苗花卉生产经营企业要向所在地检验检疫机

构备案。检验检疫部门根据种苗花卉风险高低实施分类管理。对风险较高的种苗花卉要派员赴境外产地预检。对少量的科研或资源性引种，特别是引进我国禁止进境的种苗，要进行严格的隔离检疫；要严格控制大批量生产性商业引种，完善进境检疫要求，落实好进境种植条件，定期对种植地进行疫情监测。

（四）从事进出境种苗花卉生产经营企业要建立产品进货和销售台账，且至少保存 2 年。进货台账包括货物名称、规格、数量、来源国家或地区、供货商及其联系方式、进货或进口时间等，销售台账包括货物名称、规格、数量、输入国家或地区、收货人及其联系方式、出口时间等。

二、突出重点，周密部署，对出境种苗花卉生产经营企业全面实施注册登记管理

（五）实施出境种苗花卉基地注册登记制度，推行"公司+基地+标准化"管理模式。从事出境种苗花卉生产经营企业，应向所在地检验检疫机构申请注册登记，填写《出境种苗花卉生产经营企业注册登记申请表》及提交相关证明材料。检验检疫机构要对提交的申请材料进行审核，并按照第（六）条所列要求组织考核。考核合格的，颁发出境种苗花卉生产经营企业检疫注册登记证书，注册登记证书有效期 3 年。

（六）注册登记的具体要求如下：

种植基地要求：1. 应符合我国和输入国家或地区规定的植物卫生防疫要求。2. 近两年未发生重大植物疫情，未出现重大质量安全事故。3. 应建立完善的质量管理体系。质量管理体系文件包括组织机构、人员培训、有害生物监测与控制、农用化学品使用管理、良好农业操作规范、溯源体系等有关资料。4. 建立种植档案，对种苗花卉来源流向、种植收获时间，有害生物监测防治措施等日常管理

情况进行详细记录。5. 应配备专职或者兼职植保员，负责基地有害生物监测、报告、防治等工作。6. 符合其他相关规定。

加工包装厂及储存库要求：1. 厂区整洁卫生，有满足种苗花卉贮存要求的原料场、成品库。2. 存放、加工、处理、储藏等功能区相对独立、布局合理，且与生活区采取隔离措施并有适当的距离。3. 具有符合检疫要求的清洗、加工、防虫防病及必要的除害处理设施。4. 加工种苗花卉所使用的水源及使用的农用化学品均须符合我国和输入国家或地区有关卫生环保要求。5. 建立完善的质量管理体系，包括对种苗花卉加工、包装、储运等相关环节疫情防控措施、应急处置措施、人员培训等内容。6. 建立产品进货和销售台账，种苗花卉各个环节溯源信息要有详细记录。7. 出境种苗花卉包装材料应干净卫生，不得二次使用，在包装箱上标明货物名称、数量、生产经营企业注册登记号、生产批号等信息。8. 配备专职或者兼职植保员，负责原料种苗花卉验收、加工、包装、存放等环节防疫措施的落实、质量安全控制、成品自检等工作。9. 有与其加工能力相适应的提供种苗花卉货源的种植基地，或与经注册登记的种植基地建有固定的供货关系。10. 符合其他相关规定。

（七）各直属检验检疫局应加快完成出境种苗花卉注册登记工作，将注册名单报总局备案，并在网站上公布。自 2007 年 12 月 1 日起，未获得注册登记的企业，不得从事出境种苗花卉生产经营业务。出境种苗花卉实施产地检验检疫、口岸查验放行制度，来自未实施注册登记生产经营企业的种苗花卉，检验检疫机构不得受理报检，不准出口。

（八）出境种苗花卉生产经营企业应对产品质量安全负责。检验检疫机构要建立出境种苗花卉生产经营企业诚信管理制度，做好良好和不良记录，鼓励企业诚实守信、合法经营。对伪造单证、逃避检验检疫、弄虚作假的企业、报检人或代理人，取消其注册登记资格、报检资格，并按有关规定予以处罚。

三、加大口岸检测、处理力度，提高进出境种苗花卉检验检疫把关效能

（九）要加大对进出境种苗花卉检验检疫把关力度。种苗花卉进境口岸应具备必须的现场查验场所和防疫处理设施，入境检验检疫机构应配备相应专业技术人员和实验室条件，不符合条件的口岸将不允许进口种苗花卉。

（十）要研究开发进出境种苗花卉有害生物快速、准确的检测鉴定方法，特别是植物病原体分子生物学检测方法、试剂，并在全系统推广使用。同时，要规范口岸抽样、查验程序，强化现场查验与实验室检测的协作配合，优化资源配置，改进工作模式，大力提高进出境种苗花卉疫情检出率。

（十一）要加强种苗花卉除害处理方法研究，对温汤药剂浸种、商用种衣剂、包埋剂、药剂植物浸根、栽培介质热处理、鲜活植物熏蒸处理等不同处理方法有效性进行评估、筛选，并及时将相关除害处理方法及技术指标上升为标准并运用到进出境种苗花卉检验检疫实践中，成为降低疫情传入传出和提高产品质量安全水平的有效措施。

（十二）对进境种苗花卉截获的疫情和出境种苗花卉检出输入国家或地区关注的检疫性有害生物，要采取严格的检疫处理措施。对进境种苗花卉截获的疫情，无有效除害处理方法的，一律作退运或销毁处理，并由总局向国外发出违规通报，要求进行调查并采取有效的改进措施。对出境种苗花卉中检出输入国家或地区关注的有害生物，且无有效除害处理方法的，一律不准出境。

四、宣传引导，协作配合，共同把好进出境种苗花卉质量安

全关

（十三）各地检验检疫机构要加大宣传力度，将种苗花卉检验检疫有关规定和要求及时通知有关企业，引导种苗花卉企业建立全过程溯源管理体系，从源头抓质量安全，实施良好农业操作规范，提高质量安全管理水平。

（十四）加强与农业、林业部门在种苗花卉检疫审批、隔离检疫、疫情监测、基地管理等方面的沟通与协作，促进信息资源共享，共同把好进出境种苗花卉质量安全关。进出境种苗花卉基地发现重大植物疫情等质量安全事件，要做到立即报告、迅速介入、妥善处置。

（十五）要严厉打击种苗花卉非法进出境行为，对旅客携带物、邮寄物要加大抽查比例，查获非法进出口种苗花卉的，一律作销毁处理，并依法严厉查处有关责任人。

进境植物检疫解禁工作程序

动植检植字（1998）6 号

当国（境）外发生重大植物疫情并可能传入我国时，根据《中华人民共和国进出境动植物检疫法》及其实施条例的规定，农业部可宣布禁止从植物疫情流行的国家或者地区进口有关植物、植物产品和其他检疫物（简称禁止进境物）。当重大植物疫情得到控制或者扑灭后，国家动植物检疫局可按本程序解除相关国家或者地区禁止进境物禁令。

一、申请解禁

（一）输出国官方植物检疫部门应向中华人民共和国动植物检疫局（简称 CAPQ）提出拟解禁的禁止进境物书面申请。

（二）输出国官方植物检疫部门向 CAPQ 提供以下材料：

1. 拟解禁的禁止进境物的名称（英文、拉丁文）、产地、生产、加工、存储等情况；

2. 对重大植物疫情采取的控制或者扑灭措施及其效果；

3. 拟解禁的禁止进境物上发生的有害生物名单，包括种名（英文、拉丁文）、发生与分布、危害情况以及采取的检疫管理措施等。

4. 有关气象资料。

二、受理评估

（一）CAPQ 根据输出国官方植物检疫部门提出的申请，安排和组织有关专家按国际标准和中国有害生物风险性分析（简称 PRA）程序，对拟解禁的禁止进境物进行 PRA 工作。

（二）PRA 专家根据输出国官方植物检疫部门提供的材料，围绕以下几个方面内容进行分析：

1. 中国关注的检疫性有害生物；

2. 检疫性有害生物在输出国产地的发生危害情况；

3. 输出国对检疫性有害生物采取的管理措施；

4. 检疫性有害生物在中国定殖、扩散的可能性及潜在的经济损失。

（三）根据 PRA 工作需要，CAPQ 可能将进一步要求输出国官方植物检疫部门补充、确认或者澄清有关技术信息。必要时，双方检疫专家共同进行技术研讨或者合作研究。应输出国官方植物检疫部门的邀请，CAPQ 检疫专家赴输出国产地进行实地考察，了解有害生物发生及检疫管理情况。

（四）CAPQ 专家提出 PRA 报告。

三、技术咨询

CAPQ 根据 PRA 分析结果和实地考察情况，征求国内有关部门和公众的意见，介绍有关情况，解答有关问题。

四、解除禁令

1. CAPQ 与输出国官方植物检疫部门商签有关拟解禁的禁止进境物检疫议定书或者工作计划；

2. CAPQ 将检疫议定书或者工作计划等材料报送主管部门并以公告形式宣布解除禁令。

五、检疫监督

CAPQ 将监督检疫议定书或者工作计划的执行情况。如解禁的进境物不符合检疫要求，CAPQ 将视情况采取相应的检疫限制或者禁止措施。

进出境动植物检疫行政处罚实施办法

中华人民共和国农业部令

第 26 号

中华人民共和国进出境动植物检疫行政处罚实施办法，已于 1997 年 10 月 10 日经农业部部常务会议通过，现予发布施行。

农业部部长

一九九七年十月十日

第一条 根据《中华人民共和国进出境动植物检疫法》（以下简称《进出境动植物检疫法》）、《中华人民共和国进出境动植物检疫法实施条例》（以下简称《进出境动植物检疫法实施条例》）和《中华人民共和国行政处罚法》（以下简称《行政处罚法》）等规定，制定本办法。

第二条 对违反《进出境动植物检疫法》、《进出境动植物检疫法实施条例》及其他有关进出境动植物检疫法律法规的行为应当给予行政处罚的，适用本办法。

第三条 有下列行为之一的，对当事人处以人民币 1000 元以下的罚款；情节严重的，对当事人处以人民币 1000 元以上至 5000 元以下的罚款：

（一）携带动植物、动植物产品和其他检疫物进境，未申报或者未接受口岸动植物检疫机关检疫的；

（二）携带、邮寄植物种子、种苗和其他繁殖材料进境，未依法办理检疫审批的；

（三）动植物性包装物、铺垫材料进境，未向口岸动植物检疫机关申报检疫的；

（四）携带、邮寄《进出境动植物检疫法》第五条规定的国家禁止进境物进境，未依法办理检疫审批的。

第四条　有下列行为之一的，对当事人处以人民币 1000 元以上至 5000 元以下的罚款：

（一）输入动物、动物产品、植物种子、种苗及其他繁殖材料或国家禁止进境物，未事先办理检疫审批手续；或虽已办理检疫审批手续，但未按检疫审批规定执行的；

（二）动植物、动植物产品和其他检疫物进境、出境或者过境，未按规定向口岸动植物检疫机关报检的；转关货物进境时未向进境口岸动植物检疫机关申报；或虽已办理报检、申报手续，但未接受口岸动植物检疫机关检疫的；

（三）报检的动植物、动植物产品或者其他检疫物的品名、数量、重量、产地、生产加工单位、货值等与实际不符的；

（四）运输动物过境未报请国家动植物检疫局审批并获得《动物过境许可证》，或者未按规定的要求和指定的口岸、路线过境的。

有前款第三项所列行为，已取得检疫单证的，予以吊销。

第五条　有下列行为之一的，对当事人处以人民币 3000 元以上至 30000 元以下的罚款：

（一）违反规定擅自处理运输工具上的泔水、动植物性废弃物的；

（二）未经口岸动植物检疫机关许可擅自将进境、过境动植物、动植物产品或者其他检疫物卸离运输工具或者擅自运递的；

（三）擅自开拆过境动植物、动植物产品和其他检疫物的包装的；

（四）擅自抛弃过境动物尸体、排泄物、铺垫材料或者其他废弃物的；

（五）擅自调离或者处理在口岸动植物检疫机关指定的隔离场所中隔离检疫的动植物的；

（六）擅自调离或者处理未经口岸动植物检疫机关检疫合格的动植物、动植物产品或其他检疫物的；

（七）擅自开拆、损毁动植物检疫机关加施的封识或者标志的。

第六条 有下列行为之一的，依法追究刑事责任；尚不构成犯罪或者犯罪情节显著轻微依法不需要判处刑罚的，对当事人处以人民币 20000 元以上至 50000 元以下的罚款：

（一）违反《进出境动植物检疫法》、《进出境动植物检疫法实施条例》规定，引起重大动植物疫情的；

（二）伪造、变造动植物检疫单证、印章、标志、封识的。

第七条 注册登记单位进出境动植物、动植物产品及其他检疫物经检疫不合格的，除依法作退回、销毁或除害处理外，情节严重的，由口岸动植物检疫机关注销注册登记。对于不按照规定进行熏蒸和消毒处理的，口岸动植物检疫机关可以视情节取消其熏蒸、消毒资格。

第八条 货主或者其代理人违反《进出境动植物检疫法》、《进出境动植物检疫法实施条例》规定，由货主或其代理人负连带责任。

第九条 有多项违法行为的，可以合并处罚。

第十条 对违反《进出境动植物检疫法》、《进出境动植物检疫法实施条例》行为的处罚由口岸动植物检疫机关执行。口岸动植物检疫机关对违法行为作出处罚时，应当按照行政处罚程序规定执行。

第十一条 本办法下列用语的含义是：

（一）"以上"、"以下"均包括本数在内；

（二）"输入"、"输出"是指携带、邮寄方式以外的进境和出境；

（三）"当事人"是指有违反《进出境动植物检疫法》、《进出境动植物检疫法实施条例》具体行为的公民、法人或其他组织。

第十二条 本办法由农业部负责解释。

第十三条 本办法自 1998 年 1 月 1 日起施行。1992 年农业部发布的《中华人民共和国进出境动植物检疫法行政处罚实施办法》同时废止。

进出境动植物检疫业务印章使用管理办法

动植检综字（1996）18号

一、为规范进出境动植物检疫业务印章的使用和管理，根据《中华人民共和国进出境动植物检疫法》的有关规定，制定本办法。

二、进出境动植物检疫业务印章（以下简称业务印章）是指用于办理进出境动植物检疫审批、签单、出证、放行等手续时加盖的各种印章。

三、业务印章的种类和使用范围

1. "中华人民共和国××动植物检疫局检疫审批专用章"，办理进境动植物及其产品检疫审批时使用。

2. "中华人民共和国××动植物检疫局船检专用章"，办理进出中国口岸的国际航行船舶动植物检疫手续时使用。

3. "中华人民共和国××动植物检疫局××ANIMAL AND PLANT QUARANTINE SERVICE OF THE PEOPLE´S REPUBLIC OF CHINA"，中英文对照证书印章，用于签发各种检疫证书时使用。

4. "中华人民共和国××动植物检疫局检疫放行章"，办理检疫放行手续时使用。

5. "中华人民共和国××动植物检疫局受理报检章"，在海关报关单、提货单上加盖，供报检单位办理货物通关手续用。

6. "中华人民共和国××动植物检疫局检疫专用章"，办理其他进出境动植物检疫手续及签发有关凭单时使用。

各口岸动物检疫所、植物检疫所配备上述业务印章相应改为"中华人民共和国××动物检疫所×××章"和"中华人民共和国××植物检疫所×××章"。

四、上述各类业务印章的直径为 4.2cm，字体为粗线仿宋体。各口岸动植物检疫机关按规定联系刻制，印模报国家动植物检疫局备案。其中证书印章和检疫审批专用章由国家动植物检疫局统一制发。

五、各直属口岸动植物检疫局及各口岸动物检疫所、植物检疫所配备证书印章一枚。其它业务印章各直属口岸动植物检疫局及各口岸动物检疫所、植物检疫所可根据业务需要配备数枚并编号，供各工作点使用。

六、分支机构一般不配备证书印章。确有必要配备的，由其上级检疫机关向国家动植物检疫局提出书面申请，经批准后由国家动植物检疫局制发一枚证书印章。

七、各口岸动植物检疫机关应当有专人负责业务印章的订制、登记、发放、核查、更换、注销等管理工作，并严格按规定使用，妥善保管。

八、各类业务印章一律使用红色印油。

九、对盗窃、伪造、变造检疫业务印章等违法行为构成犯罪的，依照刑法追究刑事责任，不构成犯罪的，由口岸动植物检疫机关依照《中华人民共和国进出境动植物检疫法》和《中华人民共和国进出境动植物检疫行政处罚实施办法》进行处罚。

十、本办法自 1996 年 8 月 1 日起执行。

国际航行船舶进出中华人民共和国
口岸动植物检疫实施办法（试行）

动植检动字（1995）8号

第一条 根据《中华人民共和国进出境动植物检疫法》和《国际航行船舶进出中华人民共和国口岸检查办法》，制定本实施办法。

第二条 船方或其代理人应在船舶预计抵达口岸24小时前（航程不足24小时的，在驶离上一口岸时），将启驶港、抵达时间、停舶地点、靠舶移舶计划及旅客和装载物等有关情况报告动植物检疫机关。

如船舶不能按期到达，船方或其代理人应及时通知动植物检疫机关。

第三条 船方或其代理人应在船舶抵达口岸前或抵达时，到动植物检疫机关办理进口岸手续。最迟须在抵达口岸24小时内办妥。

办理进口岸动植物检疫手续时，船方或其代理人须准确填写《中华人民共和国动植物检疫国际航行船舶进出口岸申报单》，并提供装货清单、配载图等有关资料。

第四条 对办妥进口岸手续的船舶，动植物检疫机关出具《国际航行船舶动植物检疫装卸通知单》，船方或其代理人凭此单向有关部门申请装卸货物。

第五条 对需要在锚地实施动植物检疫的船舶，动植物检疫机关应及时通知船方或其代理人。

第六条 进口岸船舶上发现有国家规定禁止或限制进境的动植

物、动植物产品或其他检疫物，动植物检疫机关施加封识，在中国境内停舶期间船方不得擅自启封动用。

第七条　船方或其代理人应在船舶驶离口岸前 4 小时内，到动植物检疫机关办理

出口岸手续。办理出口岸手续时，应提供载货清单；如装载动植物、动植物产品和其他检疫物，还应出具有关动植物检疫单证。对符合规定的，动植物检疫机关在《船舶出口岸手续联系单》上签注。

船舶在口岸停留时间不足 24 小时的，动植物检疫机关可同意船方或其代理在办理进口岸手续时，同时办理出口岸手续。

第八条　对定航线、装载非动植物、动植物产品和其他检疫物，并在 24 小时往返一个或一个以上航次的船舶，动植物检疫机关允许办理定期进出口岸手续。

附件：

口岸动植物检疫机关植物检疫工作管辖范围（试行）

局（所）　　所在省、市、区　　植物检疫工作管辖范围
北京　　北京市　　北京市
天津　　天津市　　天津市
秦皇岛　　河北省　　秦皇岛市、唐山市、承德市
石家庄（所）　　河北省　　除秦皇岛局管辖范围外河北省的其他地区
太原　　山西省　　山西省
二连　　内蒙古自治区　　锡林郭勒盟、乌察布盟
满洲里　　内蒙古自治区　　呼伦贝尔盟、兴安盟、哲里木盟

呼和浩特（所）　　内蒙古自治区　　除二连、满洲里二局管辖范围外内蒙自治区的其他地区

丹东　　辽宁省　　丹东市

沈阳（所）　　辽宁省　　沈阳市、铁岭市、抚顺市、阜新市、辽阳市、本溪市

大连　　辽宁省　　除丹东局、沈阳所管辖范围外辽宁省的其他地区

图们　　吉林省　　延边朝鲜族自治州

集安　　吉林省　　集安市、通化市、浑江市、梅河口市

长春　　吉林省　　除图们、集安二局管辖范围外吉林省的其他地区

绥芬河　　黑龙江省　　牡丹江市、鸡西市、绥芬河市

黑河　　黑龙江省　　黑河市、大兴安岭地区、伊春市

哈尔滨　　黑龙江省　　绥芬河、黑河二局管辖范围外黑龙江省的其他地区

上海　　上海市　　上海市

连云港　　江苏省　　连云港市、淮阴市、新沂市、宿迁市、徐州市

南京　　江苏省　　除连云港局管辖范围外的江苏省的其他地区

温州　　浙江省　　温州市、瑞安市、丽水地区

宁波　　浙江省　　宁波市、绍兴市、奉化市、慈溪市、余姚市

舟山　　浙江省　　舟山市

杭州　　浙江省　　温州、宁波、舟山三局管辖范围外浙江省的其他地区

合肥　　安徽省　　安徽省

厦门　　福建省　　厦门市、泉州市、漳州市、石狮市、龙岩地区

福州　　福建省　　除厦门局管辖范围外福建省的其他地区

九江　　江西省　　九江市

南昌（所）　　江西省　　除九江局管辖范围外江西省其他地区

青岛　　山东省　　青岛市、潍坊市、东营市、淄博市、日照市、诸城市、胶州市、胶南市、青州市、即墨市、临沂地区

烟台　　山东省　　烟台市、威海市、龙口市、荣成市、文登市、莱阳市、莱州市、莱西市、平度市

济南（所）　　山东省　　除青岛、烟台二局管辖范围外山东省的其他地区

郑州　　河南省　　河南省

武汉　　湖北省　　湖北省

长沙（所）　　湖南省　　湖南省

汕头　　广东省　　汕头市、梅州市、汕尾市、揭阳市、潮州市

深圳　　广东省　　深圳市、惠州市、河源市

拱北　　广东省　　珠海市、中山市

江门　　广东省　　江门市、阳江市

湛江　　广东省　　湛江市、茂名市

广州　　广东省　　除汕头、深圳、拱北、江门、湛江五局管辖范围外广东省的其他地区

北海　　广西壮族自治区　　北海市、百色地区、南宁地区的凭祥市、龙州县、大新县、宁明县

防城　　广西壮族自治区　　钦州市、防城港市

梧州　　广西壮族自治区　　梧州市、柳州市、梧州地区、柳州地区、玉林地区

桂林　　广西壮族自治区　　桂林市、桂林地区

南宁（所）　　广西壮族自治区　　除北海、防城、梧州、桂林四局管辖范围外广西自治区的其他地区

海口　　海南省　　海南省

重庆　　四川省　　重庆市、泸州市、自贡市、遂宁市、内江市、南充市、万县市、黔江、涪陵、达川、宜宾地区

成都　　四川省　　除重庆局管辖范围外四川省的其他地区

贵阳　　贵州省　　贵州省

昆明　　云南省　　云南省

拉萨　　西藏自治区　　西藏自治区

西安　　陕西省　　陕西省

兰州　　甘肃省　　甘肃省

西宁（所）　　青海省　　青海省

银川（所）　　宁夏回族自治区　　宁夏回族自治区

伊犁　　新疆维吾尔自治区　　博尔塔拉蒙古自治州、伊犁哈萨克自治州（包括奎比市、伊犁和塔城二地区）、克拉玛依市

喀什　　新疆维吾尔自治区　　阿克苏地区、喀什地区、和田地区、克孜勒苏柯尔克孜自治州

乌鲁木齐　　新疆维吾尔自治区　　除伊犁、喀什二局管辖范围外新疆自治区的其他地区

集装箱运载转关货物动植物检疫管理办法

总检植字〔1994〕14 号

为了做好转关货物动植物检疫工作，防止动物传染病、寄生虫病和植物危险性病虫害传入，传出国境，促进对外贸易的发展，方便进出往来，根据《中华人民共和国进出境动植物检疫法》和农业部、海关总署（1992）农检疫字第 18 号"关于进出境货物动植物检疫和海关监管有关问题的通知"的有关规定，制定本办法。

第一条 本办法所指的转关货物包括进境转关和出境转关。进境转关货物是指由进境地海关转至指运地海关办理报关纳税手续、用集装箱运载的应实施动植物检疫的检疫物（含木质包装铺垫材料）。出境转关货物是指在原产地（或加工地）装箱，并在启动地海关办理报关纳税手续后，加上关封（封志）转至出境地口岸出境应实施动植物检疫的检疫物。

第二条 进境转关检疫物原则上由指运地动植物检疫机关实施检疫；但下列情况之一的，由进境口岸动植物检疫机关实施检疫或处理。

1. 活动物；

2. 经特许审批进境的检疫物；

3. 中华人民共和国动植物检疫局指定在进境口岸实施检疫处理的检疫物；

4. 指运地无口岸动植物检疫机关的。

第三条 需转至指运地的检疫物，由货主或代理人向进境口岸动植物检疫机关办理动植物检疫转关手续，并提供有关单证和资料。进境口岸动植物检疫机关负责审验单证，进行集装箱外表检疫或防疫消毒，并签发《调离通知单》；一份交车主（货主），一份寄（传）给指运地口岸动植物检疫机关。

第四条 检疫物到达指运地之前或之后时，货主或代理人必须向指运地口岸动植物检疫机关报检。批运地口岸动植物疫机关对检疫物实施检疫或处理后，应及时将检疫或处理情况以书面形式通知进境口岸动植物检疫机关。

第五条 出境转关检疫物除活动物由出境地口岸动植物检疫机关检疫外，其它均由起运地口岸动植物检疫机关检疫，出境地口岸动植物检疫机关验证放行。

第六条 进出境转关检疫物的检疫费，口岸间分成办法见有关文件。

第七条 本办法由国家动植物检疫机关负责解释。

第八条 本办法从发布之日起施行。

进出境转关检疫物检疫费收费办法（试行）

1. 进境转关集装箱所载检疫物检疫费和箱体消毒费由进境口岸动植物检疫局（所）按规定标准一次性收取，并在"调离通知单上"注明实际收取的检疫费数额，然后将检疫物检疫费的50%划拨给指运地口岸动植物检疫局（所）。指运地口岸动植物检疫局（所）凭入境口岸动植物检疫局（所）签发的"调离通知单"实施检疫并与入境局（所）结算。

2. 进境转关动物产品的外包装消毒费（集装箱箱体消毒除外），全部由指运地口岸动植物检疫局（所）收取，并不再分成。

3. 指运地口岸动植物检疫局（所）检疫发现疫情需实施检疫处理的，应按规定收取检疫处理费，该费用不再分成。

4. 出境转关应检集装箱的检疫费由起运地口岸动植物检疫局

（所）一次性收取，并将检疫物检疫费的20%划拨给出境口岸动植物检疫局（所）。出境口岸动植物检疫局（所）凭起运地口岸动植物检疫局（所）签发的"调离通知单"验证放行并与起运局（所）结算。如超过检疫有效期，需重新检疫的，由出境口岸动植物检疫局（所）按规定重新检疫并收费，并不再分成。

5. 分成检疫费原则上一年按二次结算，当年5月、11月底前划拨的，国家动植物检疫局将追究责任，并通报批评。

6. 本办法所指集装箱均包括货柜车。

7. 本办法为内部试行，请各口岸局（所）将试行中的问题随时报告国家局。

进出境集装箱动植物检疫管理的若干规定

总检植字〔1994〕15 号

为防止动物传染病、寄生虫病和植物危险性病、虫、杂草和其它有害生物随集装箱传入、传出国境，根据《中华人民共和国进出境动植物检疫法》和农业部《进出境装载容器，包装物动植物检疫管理试行办法》的有关条款，制定本规定。

一、凡装载动植物、动植物产品和其他检疫物的进出境、过境集装箱，箱内货物带有植物性包装物或铺垫物的进境集装箱，以及来自动植物疫区的进境集装箱（含空箱和实箱）均应实施动植物检疫。

二、口岸动植物检疫机关在进出境集装箱业务集中的地点设立办事机构，接受申报，实施检疫及处理，办理出证、放行手续。有关单位应提供必要的办公和生活条件。

三、应施检疫的进境、过境集装箱，货主、箱主、承运人或其代理人应持有关单证向入境口岸动植物检疫机关申报。装载动植物、动植物产品和其它检疫物的集装箱，应在办理报关手续前报检；其它应检集装箱，应在办理提货（箱）手续前申报；装载动植物、动植物产品和其他检疫物出境的集装箱，应在装箱前向起运地口岸动植物检疫机关申报。

应施检疫的集装箱经检疫合格的，检疫机关签发"放行通知单"；进境后需办理转关的，签发"调离通知单"，检疫不合格的，签发"处理通知单"。报检人应在限定的时间内，联系落实具体的检疫事宜。

四、装载动植物、动植物产品和其他检疫物的进境集装箱，一般在入境口岸随同货物一起实施动植物检疫或作检疫处理。

箱内货物带有植物性包装物或铺垫物的进境集装箱，在入境口岸拆箱提运的或拆箱入库的，在拆箱时检疫；整箱提运的，由入境口岸动植物检疫机关检疫或作检疫处理后放行。对于输出国出具植物检疫证书或熏蒸证书的植物性包装物或铺垫物，可视情况抽检。

五、进境后须办理转关的应检集装箱，按照国家动植物检疫机关关于"集装箱装载转关货物动植物检疫管理办法"办理。

六、装载动植物、动植物产品出境的集装箱，由起运地口岸动植物检疫机关在货物装箱前检疫，出境时由出境口岸动植物检疫机关验证放行；需在出境口岸拼装的，由出境口岸动植物检疫机关在装箱前检疫。

装载非动植物、动植物产品和其它应检物出境的集装箱，输入国家或地区有检疫要求的，也应实施检疫或检疫处理。

七、装动植物、动植物产品和其它检疫物的过境集装箱，在入境口岸实施箱体检疫或防疫性消毒处理，出境时不再检疫。经检疫发现国家规定的危险性病虫的，作除害处理或不准过境。

凡属亚欧大陆桥国际联运过境的集装箱的验放，按国家计委等七部一委《关于亚欧大陆桥国际集装箱过境管理试行办法》等有关规定办理。

八、对来自或途经动植物疫情流行的国家或地区的进境集装箱，入境口岸动植物检疫机关对箱体实施防疫性消毒处理。

九、口岸动植物检疫机关集装箱堆场、中转场（库）实施注册登记和动植物检疫监督管理。

十、本规定由国家动植物检疫机关负责解释。

十一、本规定自发布之日起施行。